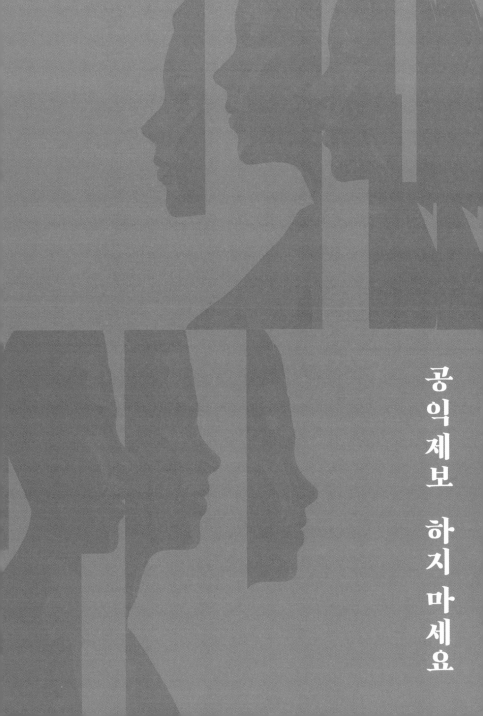

공익제보 하지 마세요

공익제보 하지 마세요

ⓒ 인지니어스, 코코아, 챙타쿠, 죽지않는돌고래 2019

초판 1쇄   2019년 9월 23일

지은이   인지니어스, 코코아, 챙타쿠, 죽지않는돌고래
기획   딴지일보 편집부

출판책임	박성규	펴낸이	이정원
편집주간	선우미정	펴낸곳	도서출판 들녘
편집진행	박세중	등록일자	1987년 12월 12일
디자인진행	조미경	등록번호	10-156
편집	이동하·이수연	주소	경기도 파주시 회동길 198
디자인	김정호	전화	031-955-7374 (대표)
마케팅	김신		031-955-7381 (편집)
경영지원	김은주·장경선	팩스	031-955-7393
제작관리	구법모	이메일	dulnyouk@dulnyouk.co.kr
물류관리	엄철용	홈페이지	www.dulnyouk.co.kr

ISBN	979-11-5925-457-4 (03300)	CIP	2019035172

이 도서의 국립중앙도서관 출판예정도서목록(CIP)은 서지정보유통지원시스템 홈페이지(http://seoji.nl.go.kr)와
국가자료공동목록시스템(http://www.nl.go.kr/kolisnet)에서 이용하실 수 있습니다.

공익제보

딴지일보가 만난, 그 이후의 삶

하지 마세요

들녘

차
례
◆
◆

우리는 안다.

세상은 모순에 가득 차 있고 반인간적이다. 생존을 위
해 기억할 수 없을 만큼 참아내고, 때때로 잠 못 이룰 정
도로 굴복하고 살아야 한다. 그걸 몇 번이고 반복해야 몇
푼 손에 쥔다.

우리는 안다.

그것이 딱히 참된 게 아님을 안다. 끝없는 타협과 인내
로, 보이는 무언가는 얻었지만 보이지 않는 무언가를 잃
는다. 어디선가 끊지 않으면 역겨운 꼴, 억울한 꼴이 많
아질 텐데 그걸 내가 끊을 순 없다.

나는 살아야 하니까.

나의 부모도, 나의 자식도, 나의 고양이도, 나의 강아
지도, 살아야 하니까.

2년 전이다. 아름다운재단이 편집부를 방문했다.

'제보자들의 삶이 비참하다. 그들을 돕고 싶다.'

공익을 위해 용기 냈던 제보자와 활동가를 돕기 위해 프로젝트를 진행 중이라 한다. 해서, 딴지에 그걸 '광고하고 싶다'는 제안이다.

거절했다.

광고비, 어차피 많이 안 줄 거니까.

역제안 했다.

그분들 다 만나보자. 힘들 거란다.

⋅⋅❖⋅⋅

제보자의 용기는 사회에 득이 된다. 조직과 사회의 변화를 가져온다. 많은 이들이 혜택을 입으나 그 변화에서 한 사람은 제외된다.

왜.

그는 가장 먼저 말한 자이며 가장 먼저 움직인 자니까.

겨우 한 발 나아진 조직과 사회는 적어도 그의 몫은 아니다. 배제된 후니까. 선례를 남기면 그런 자가 다시 탄

생하니까. 흔한 '배신자의 최후'다. 좌우 무관, 밥그릇 있는 곳이라면 어디서나 일어나는 일상사. 이윽고, 아무도 기억하지 않는 자.

그런 경험 가진 이를 다시 불러내는 건 잔인한 일이다. 해서, 힘들 거란다. 우리에겐 한 번이고 그들에겐 백 번이니까.

예의를 갖추고 싶었다.

그들은 왜 그런 선택을 하는가, 이후의 삶은 어떤가. 알고는 있어야 예의이며, 그 예의가 기록, 이라는 게 우리의 생각이다.

<hr/>

포문을 열어준 아름다운재단이 고맙다. 기록으로 남게 해준 들녘이 고맙다.(돈 안 되는 일을 굳이 하는 걸 보니 담당 편집자는 출판사에서 좋은 소리 듣긴 글렀을 것 같다.)

무엇보다 백명주, 전경원, 박창진, 김영수, 이재일, 장정숙, 그리고 선호빈과 김진영 님께 큰 고마움이 있다. 그들이 뿌린 씨앗은 언젠가 열매로, 반드시 우리에게 올테니.

인지니어스, 코코아, 챙타쿠 기자와 함께 감히, 계속, 허락을 구해보고 감히, 계속, 만나보려 한다. 세상을 조금 나아지게 만든, 그러면서 덜 주목받는, 대담하고 무모하고 경솔한 판단을 내려 우리 대신 고독과 공포를 떠안은 이들을.

용기 없음을 똑똑한 척, 신중한 척, 현란한 허식으로 포장하며 살아가는 나는, 그런 예의라도 지켜야 인간의 얼굴을 하고 살아갈 수 있을 것 같다.

2019년 초가을
딴지일보 편집부에서,
죽지않는돌고래

땅콩회항으로부터
송두리째 달라진 삶

◈ 박창진 편

"회사에 남아 있는 것은, 주체성의 문제인 거 같아요. 승무원이란 직업은 내 일이고 내 인생이었어요. 그런데 그것을 타자에 의해서 관둬야 하거나 포기하는 것은 맞지가 않다고 생각하고 있어요. 그래서 계속 가는 거겠죠."

"기사가 언제쯤 나가나요?"

인터뷰이는 질문을 잘 하지 않는다. 대개는 인터뷰라는 것 자체에 설레거나 긴장된 마음을 가지고 앞에서 눈을 깜박이며 앉아 있다. 먼저 말을 꺼내더라도 『딴지일보』 사무실이 '생각보다' 좋다든가, 아니면 털이 많은 총수의 방송을 잘 듣고 있다는, 그런 일상적인 이야기다. 그러니 최소한, 인터뷰이가 먼저 기사에 관한 질문을 하는 경우는 없었다.

"잡지사나 신문사들… 인터뷰를 많이 했었는데, 인터뷰할 때 취지는 다 좋았는데 마지막에 '킬' 되는 경우가 많더라고요. 광고주가 우선이니까, 최종 결정하시는 분들이 자른다고…."

박창진 사무장을 만났다. 『딴지일보』에는 광고주가 없고 내일도 없다고 확답하고 나서야 그는 조심스럽게 인터뷰를 시작했다. 기사 취지와 구체적인 일정을 인터뷰 중에도 몇 번 더 물었다.

공익제보자에게 쏟아지는 관심과 응원은 그리 길지 않다. 꽤 오래 이름을 알리고 있는 공익제보자라면 성공했다고 할 만하다. 그 사람이 원래의 조직으로 다시 돌아갔다면 더 성공적인 경우다. 박창진 사무장은 많은 사람에게 기억되고 있는 데다 대한항공으로 복귀한 뒤 여전히 승무원으로 재직 중이다. 꽤나 성공적인 공익제보자. 그런데, 과연 그럴까?

입사 21년차, 신입사원

인지니어스 지금은 무슨 일을 하세요?

박창진 원래는 팀장을 10년 정도 하고 있었는데, 복직하고 나서 신입사원들이 하는 일을 하고 있어요.

인지니어스 승객 입장에서는 승무원이 하는 일이 어떻게 나눠지는 지 잘 모르는데요. 팀장의 일은 어떻게 다르죠?

박창진 승무원들은 회사에 출근을 잘 안 하니까 회사에서는 관리와 통제 권한을 팀장에게 줘요. 팀장은 직접적인 서비스보다는 주관을 하는 거죠. 회사에서 요구하는 인성교육도 해야 하고요.

지금은 거의 이코노미에서 1~2년차 주니어들이 하는 짐 올리고 서비스 제공하는 일을 하고 있어요. 제가 C 플레이어(저성과자)가 돼서…

인지니어스 어떤 기준으로 저성과자가 되는 거예요?

박창진 회사에서는 영어 실력을 문제삼고 있어요. 기내 방송을 보고 읽는 시험인데, 계속 누락되고 있어요. 제 능력이 모자란다면 인정하겠지만, 저는 객관화된 공인 영어시험 성적을 회사 내 기준에서 A급 정도로 갖추고 있거든요. 그런데 회사가 주관하고, '대한항공 출신 승무원'이 채점하는 그 시험만 통과가 안 되는 거죠.

2005년, 회사는 사무장이란 직급을 주었다. 부팀장을 거쳐 팀장 자리를 오래 유지한 그에게 회사는 이전에도 VIP라 불리는, 오너 가족의 서비스를 맡겼다.

오너 가족에게 반기를 들자, 입사 21년차인 그는 저성과자로 분류되었다.

박창진은 혼자가 되었다

인지니어스 같이 일하는 동료들이 불편해하지 않아요?

박창진 아무래도 저란 존재 자체가 부담이겠죠. 저도 예전에는, 노조 활동을 했거나 회사에서 찍힌 분들과 비행하면 터놓고 얘기하긴 어려웠어요.

인지니어스 공익제보자들은 원래 자리로 돌아가도 인간관계에서 외로워지는 것 같아요. 저희가 인터뷰를 했던 선생님 한 분은 학교로 다시 돌아가셨는데, 아무도 말을 안 건다고 하시더라고요.

박창진 하나고등학교죠? 저도 그래서 혼잣말이 엄청 늘었어요.

같은 팀 사람들은 아예 바깥에 있는 사람들처럼 외면하거나 모른 척하진 못하죠. 그렇지만 제가 다른 팀과 함께 비행을 한다 그러면, 제 옆에 앉아서 같이 밥 먹고 싶겠어요? 저 혼자 텅 빈 식탁에 앉아 있는 거예요.

인지니어스   직장 내 왕따가 된 거네요.

박창진   회사에서 사람을 자진해서 나가게 만들 때, 회사 내에서 그 사람의 자리가 없게 만드는 거. 그거라고 생각해요.

인지니어스   동료들에게 섭섭하진 않으세요?

박창진   아직은 우리나라의 조직이란 곳에서 노동권이라든지 인권을 주장하는 것은 터부시되고, 사람들은 힘을 가지고 있는 사람의 눈치를 보고 그 사람의 입맛에 맞는 행동을 할 수밖에 없잖아요. 그렇게 되는 거죠.

학교에서 왕따 문제도 그런 거 아니에요? 몇 명이 개가 이상하다 그러면 대다수의 학생이 개랑 어울리면 나도 당할 것 같으니까 멀리하는 거잖아요. 그 대다수 학생은 "나는 왕따 시킨 적 없어"라고 할 거예요.

그런데 당하는 친구 입장에선 다르거든요. 모든 사람이 날 왕따 시키는 거예요. 지금 저도 그래요.

방관자도 공범이다.

인지니어스   심리적으로 고립시키는 것 말고, 업무에서 힘든 점도 있나요?

박창진   제가 지금 팀장이 아니라 관리를 받는 위치에 있는데, 예를 들어 이런 일이 있었어요. 동료들 중에 사측의 입장을 따라 앞장서는 사람들도 있잖아요. 일하다가 아무 잘못도 안 했는데 갑자기 "그따위로 하실 거예요?" 이런 말을 사람들 앞에서 해요. 그 순간 느끼는 모멸감이 어마어마해요. 불면증하고 불안증세, 공황장애가 아직 남아 있는데, 그때 공황장애 증세가 나타나는 거예요. 호흡이 안 돼요. 과호흡 상태가 되니까 말이 안 나올 지경이 되는 거예요. 주변에 있는 사람들이 제가 죽는 줄 알았다고 하더라고요.

         제가 아직 자율수면이 어려워서 약을 먹어야 잘 수 있는데, 비행 중에는 먹을 수가 없어요. 14시간을 비행한다 치면 승무원들이 2시간씩 쪼개서 총 4시간을 쉬어요. 그때 제가 그 약을 먹으면….

인지니어스   못 일어나겠네요.

박창진   못 일어나죠. 그래서 휴식을 못 하고 10시간 넘게 가요. 그래서 비행이 힘들고, 다른 사람들에 비해서 피로도가 많이 쌓여요. 이것이 부당하다 얘기하는 건, 사측에서 제가 이런 상황인 걸 아는데도 가장 힘든 이코노미 클래스에서 서비스를 하도록 하기 때문이에요.

이런 사정으로 "나는 지금 신입 승무원 업무를 한다"고 말하면, 신입 승무원 업무를 비하한다는 댓글들도 달려요. 그 말을 하는 게 아니거든요. 제가 쌓은 경력과 능력에 걸맞은 대우를 회사가 해주지 않는다는 건데, 그게 어째서 비하인가요?

피해자가 피해자답지 않으면 손가락질을 받는다

인지니어스 인스타그램에도 이런 일에 대해 포스팅하시던데, 그건 어떻게 시작하신 거예요?

박창진 2016년 10월이었나, CBS 〈김현정의 뉴스쇼〉에서 인터뷰를 했어요. 사건 이후 시간이 많이 지나서 괜히 제작진 시간만 뺏는 게 아닌가 했는데, 거기서 그런 얘기를 하시는 거예요. 많은 분들이 박창진 씨 어떻게 지내는지 궁금하다는 얘기를 하시고 응원을 하고 싶은데 어떻게 연락할 수 있을지 방법을 모른다고.

인지니어스 아, 기사가 꽤 나오는데도요?

박창진 네. 제 이름 치면 기사가 많이 나오죠. 그것 때문에 사람들은 제가 언론의 도움을 받아서 극복했다 생각하지만, 실제로는 대한항공 측에서 내보내는 홍보성 기사가 더 많아요. 저를 깎아내리는. 우리나라 언론사 너무 많잖아요. 저를 취재한 곳이 아닌데 저에 대한 얘기를 썼어요. 다른 언론들이 그 기사를 받아서 쓰면 기사는 여러 개가 되는 거고.

그걸 그대로 수긍하지 않고 '이건 문제다'라고 계속 얘기를 해야겠더라고요. 그러다 보니 SNS가 좋은 방법일 거라 생각하게 된 거예요. 응원해주는 분들께 고마움을 바로 이야기할 수 있는 곳이기도 하고요.

인지니어스 언론 지형이 안 좋으니 SNS를 매체로 활용하시는 거군요?

박창진 그렇게 시작했어요. 또 많은 분들이 제가 버티는 과정에서 많은 용기를 받고 있단 얘기를 해주셨어요. 저를 보고 용기를 낼 수 있는 사람이 더 생기면 참 좋겠더라고요. SNS를 활발하게 한다고 연예인병 걸렸다고 하는데, 제가 제 인스타그램에 늘 아프고 토하는 모습 올리는 것도 웃기잖아요.(웃음)

인지니어스 하하하! 맞아요, 맞아요.

박창진	그게 인스타의 단점이기도 한 것 같은데, 커피도 마시고 쉬는 것도 제 모습 중 하나예요. 사건이 일어나고 지금까지 아픈 곳도 많아지고 마음도 병든, 그 모습도 저지만 인스타에는 없죠.
인지니어스	인스타를 종종 보면서 잘 지내시는구나 했는데, 약은 여전히 많이 드시더라구요.
박창진	당시에는 심신미약하고, 불안증, 공황장애, 불면증 이런 게 겹쳐서 왔어요. 조현아 씨가 사과하겠다고 집에, 연락도 하지도 않고 기자들을 대동해서 우리 집 앞까지 왔잖아요. 저는 그때 병원에 있었고, 집에 없다고 미리 말씀드렸어요. 　그렇지만 사과하는 걸 '보여는 줘야' 하니까 그냥 왔고, 집이 다 노출되어버렸어요. 저는 기자와 접촉한 적이 없는데 제 전화번호를 누가 알려줬는지, 새벽이고 밤이고 초인종 누르고 전화하더라고요. 집 밖으로 못 나갈 정도였어요.
인지니어스	시달렸구나.
박창진	한편에선 경찰관들이 찾아와서 출두해야 한다고 하고, 다른 한편에선 회사가 제 이미지를 실추시키려고 찌라시를 만들고, 정신이 없었어요. 찌라시 때문에 제가 회사

생활을 제대로 못 하는, 성추행범이 되어 있더라고요. 제가 모르는 사이에 제가 너무 이상한 사람이 되어 있었어요. 모든 세상이 저의 적이라고 느껴지니, 그때 공황장애가 오더라고요. 사람들은 조현아 씨한테 그것 좀 당했다고 그렇게 아프냐고 그러지만, 이런 일까지 있었기 때문에 그런 거예요. 난 피해잔데, 계속 나한테 뭘 요구하더라고요. 조현아 씨는 힘이 세니 미디어가 거기는 못 가고, 저한테 그래요. 그걸 괴롭히는 행동이라고 생각하지도 않고.

회사는 처음부터 박창진 사무장을 버리기로 결심했던 게 분명하다.
　　그를 버려야 조현아 씨가 살아나는 구도였다.

인지니어스　　찌라시는 언제부터 생긴 거예요?

박창진　　재판 때 보니까 회사에서 자기들끼리 회의를 했더라고요. 회항은 이미 일어난 일이니, 바보 같은 사무장이 일을 제대로 못 해서 조현아가 관리자로서 화를 낸 거라고, 그렇게 해야 그나마 욕을 덜 먹을 수 있잖아요. 그러니 제 이미지가 훼손돼야 그들이 이득이거든요.
　　저도 회사생활을 하다 보니까 예전에 징계받은 일이 있었는데, 그걸 이용하더라고요. 그리고 운동을 열심히 한 후에 찍은 바디 프로필을 카카오톡에 올렸는데, 그 사진을 제가 여성 승무원한테 누드 사진을 보낸 것으로 만들더라고요. 그런데 그럼 받은 사람이 있어야 할 텐데….

인지니어스   박창진이 누드 사진을 여성 승무원에게 보냈다는 말만 있고, 받은 사람은 없군요?

박창진   그렇죠.

인지니어스   그리고 저도 사무장님에 대한 소문을 들었는데, 제일 흥미로웠던 게 일반 직원들을 상대로 갑질했었다는 거였어요. 소문에 대해선 어떻게 생각하세요?

박창진   갑질이요? 그것도 그 소문 중 하나인데요, 대한항공 측에서 그런 소문을 퍼뜨리고 있다면, 제가 팀장을 했던 몇 년 동안의 모든 팀원들을 추적조사를 해보면 답이 나올 것 같아요. 제가 갑질을 했다면, 대한항공에서 최고 성과를 여러 번 내는 팀장일 수 있었을까요?

인지니어스   저는 그 정도로 생각했어요. 관리자는 일상적으로, 그리고 일방적으로 지시를 하는 입장이잖아요. 그 사소한 지시를 이제 와서 갑질이라고 붙인 건 아닐까. 저도 구체적인 사례는 듣지 못했거든요.

박창진   제 생각도 그래요. 회사는 승무원을 통제할 수 없기 때문에 끊임없이 팀장급한테 그 요구를 해요. 공식적으로는 사라졌는데 손톱 발톱 체크해라, 화장 체크해라 등의 지시를요. 관리자인 저는 그걸 해야 될 입장에 있어요. 관리자로서 제가 하는 얘기를 갑질이라고 한다면, 그게 정말 갑질이라 생각한다면 나와서 그 사례를 진작 말했을 거라 생각해요.

만약에라도 정말 제가 사과할 일이 있다면 저는 사과할 수 있어요.

그리고 악의적인 소문은 여전히 계속되고 있다.

인지니어스   요즘은 찌라시가 없죠?

박창진   사내 블라인드 앱(기업 직원들이 이용하는 익명 게시판)에 제가 인격적 모독을 했다더라, 여성 차별을 했다더라 하는 내용이 많이 올라왔어요. 저는 블라인드 앱을 사용하지 않는데, 친구가 캡처해서 보여주더라고요. 난리 났다고.

인지니어스   사건은 끝났는데 아직도 그래요?

박창진   알고 봤더니 그때 회사 노조 대의원 선거가 있었어요. 직원들 중에는 누가 나타나서 상황을 좀 바꿔줬으면 좋겠다고 생각하는 사람도 있겠죠. 그러면서 제 이름이 나왔나 봐요. 저는 노조를 만들어본 적도 없는데, 회사에서는 혹시나 하는 두려움이 있었나 봐요. 갑자기 저에 대한 욕이 엄청 올라오는 거예요. 정말 그런 사람이 있다면 직접 저한테 얘길 하면 되는 것인데, 진짜로 그랬으면 제가 사과하면 될 텐데, 실체는 없어요. 그런 것은 의심이 갈 수밖에 없죠.

인지니어스 그래도 사건 당시에는 사내 여론이 좀 달랐던 것 같아요. 사건 당시 회사 블라인드 앱을 보면 직원들이 이 일에 함께 분노해서 이걸 외부에 알리자는 댓글을 많이 달았다더라고요. 그때는 동료들의 반응이 좀 달랐던 게 사실인가요?

박창진 그때는 동료들을 전혀 본 적이 없어요. 제가 그때부터 병가를 내고 출근을 못 했거든요. 저한테 개인적으로 연락을 한 적도 없었어요. 다 겁먹었다고 생각해요. 우리 회사 만의 일은 아닐 거예요. 주변 사람들도 (공익제보자와) 똑같은 일을 당할까 봐 앞에서는 말 못 해요.
　공익제보의 결과가 보여주잖아요. 제보자들이 오히려 철저하게 당한다는 걸. 그럼 사람들은 그 공포를 학습하고 뒤에서만 얘기를 하는 거예요. 그게 저를 칭찬하는 것이든 욕하는 것이든.

시간이 지날수록, 그에게 손가락질하는 건 동료들이었다.

인지니어스   요즘은 욕이 더 많더라고요.(웃음) 저도 한 다리 건너면 그 회사에 다니는 분이 있어요. 원래 사무장님 연락처를 그쪽에서 얻으려고 했는데 안 됐어요. 안 알려주더라고 요. 직원이라 알 수는 있는데 굳이 나서고 싶지 않다는 반응이었어요.

박창진   그랬을 거예요.

인지니어스   인스타그램을 하는 것도 동료들이 그리 우호적으로 생 각하지 않는 것 같더라고요.

박창진   네, 제가 비난을 많이 받아요. '피해자가 피해자다워야지 왜 저렇게 고개 드는 거야'라는 생각인데, 저는 그게 너 무 웃긴 논리 같아요. 찌라시도 그렇고, 인스타그램 한다 고 연예인병 걸렸다는 것도 그렇고…. 피해자의 이미지 를 훼손시켜서 피해자를 악역으로 뒤집으려고 하는데, 그 사건 내에서 피해자인 나와 아무 상관이 없는 얘기인 거잖아요.

    성폭행을 당한 피해자에게 네가 야한 옷을 입어서 그 런 거라고 하는 거랑 같아요. 내가 야한 옷을 입은 건 이 성폭행 사건의 피해자인 나와는 아무 상관이 없는 얘기 지 않아요?

    근데 '피해자다운 피해자'를 우리 사회는 너무 많이 요 구해요. 저는 그게 잘못되었다고 생각하고요. 그러니 비난을 해도 제가 정당하기 때문에, 저는 거기에 굴복할 생각이 없고 SNS를 접을 생각도 없어요.

피해자로서 영원히 낙인찍혀 있거나 극단적인 선택을 하시는 분들도 많잖아요. 그런 선택을 안 하고 계속 살아가는 모습을 보여주는 게 다음 사람들을 위해 맞다고 생각해요.

그럼에도, 박창진은 남았다

인지니어스 마지막으로 두 가지 질문을 할 건데요, '대한항공에 왜 들어갔는지'가 첫 질문입니다. 원래 승무원이 되고 싶어서인가요?

박창진 김찬삼 씨라는, 여행 작가가 있었어요. 당시만 해도 TV 채널이 다양하지 않았기 때문에 세계를 볼 기회가 없었는데, 그분 책을 읽으면서 먼 나라에 어떤 사람들이 살까, 이런 상상을 많이 했어요.

그 와중에 사업이 좀 안 좋아져서 아버지가 원양어선을 타셨어요. 10년 동안 타셨는데, 일 년에 한 번 한국에 올까 말까 했어요. 너무 못 보니까 아버지가 엽서를 자주 보내셨는데, 하와이에서 보낸 적도 있고, 피지에서 보낸 적도 있고요.

이국적인 풍경을 보면서 꿈을 많이 꿨던 거 같아요. 언젠가 나도 세계를 돌아다니면서 뭔가 할 수 있으면 좋지 않을까 하고. 그러다 대한항공 입사 시험을 쳤는데 합격을 했고, 들어와서 일을 해보니 이 직업이 참 저랑 잘 맞더라고요.

인지니어스   어떤 점이 잘 맞아요?

박창진   비행기라는 공간은 물 한 잔을 마시고 싶어도 승무원의 도움 없이는 마실 수 없잖아요. 저는 누군가를 도울 수 있는 위치라는 게 좋았어요. 물론 비하도 많이 들죠. "밥이나 주는 주제에" 이런 식의. 제 친구들도 아직도 그러거든요. "너 아직도 비행기에서 커피 나르냐?" 뭐 이렇게. 저는 다르게 생각해요. 내가 누군가에게 도움을 줄 수 있는 위치, 그걸 할 수 있는 직업이 이거다. 그래서 저는 참 좋았어요.

부모님한테서 물려받아 가지고 있었던 가치관에 부합하고, 항상 동경해오던 새로운 세계를 볼 수 있어서 좋았죠. 제 자신도 그 일을 잘 해냈고, 칭찬도 많이 받아서 더 좋았고요.

인지니어스   그럼 지금은 대한항공에 왜 계속 계세요?

박창진   가끔 비행기에서 "그렇게 비참한 일을 당하고 이 회사에 또 들어와서 일해요?" 하시는 분도 계세요. 지금도 저는 이 일을 좋아하고 이 일에 자부심이 많아요. 마음에서 우러나지 않으면 어떻게 일을 하겠어요.

회사에 남아 있는 것은, 주체성의 문제인 거 같아요. 승무원이란 직업은 내 일이고 내 인생이었어요. 그런데 그것을 타자에 의해서 관둬야 하거나 포기하는 것은 맞지가 않다고 생각하고 있어요.

몸이 더 안 좋아지거나 공황장애가 더 심해지면 그만둘 때가 올 수도 있겠지만, 적어도 타자의 의지에 의해서 퇴사하는 건 잘못된 선택이라고 아직도 저는 생각하고 있습니다. 그래서 계속 가는 거겠죠. 이 회사에 부당함이 있지만, 그것에 얽매여서 제 인생을 결정하는 건 아닌 거 같아요.

인터뷰 당시는 조현아 씨의 대법원 판결이 나기 전이었다. 판결에 따라 어쩌면 회사 생활이 더 힘들어질지도 모르는 상황이었다.

그날에 대해, 혹은 언론에 계속 스스로를 노출하는 것에 대해 후회가 없냐고 물었다.

박창진　억울했죠. 난 성실하게 살았는데, 왜 내가 이런 대접을 받아야 할까…. 그런데 사건이 있고 나서 아버지 생각이 많이 났어요. 아버지는 한국전쟁 때 참전하셨다가 부상을 입은 후에 계속 편찮으시다가 돌아가셨거든요. 제가 어렸을 때 아버지한테 그 얘길 했었어요. 나라에서 챙겨

주지도 않는데, 아버지는 억울하지도 않냐고. 그랬더니
아버지가 그러시더라고요.

"대통령 한 사람, 큰사람 한 명이 나라를 만든 것처럼
착각할 수 있지만 우리 같은 많은 사람들이 이 나라를 만
들었다. 나는 거기에 후회 없어."

어느 순간 저도 그런 생각이 들더라고요. 그 사람들만
의 나라는 아니잖아요. 나 같은 사람이 덜 인정받는다고
해서 내가 작은 건 아니라는 생각이 들더라고요. 그래서
아버지가 그리했듯, 주체를 저로 삼게 되었어요. 제가,
이런 일을 겪을 다음 사람에게 선한 영향력이 됐으면 좋
겠어요.

건강과 인간관계, 그리고 실질적으로는 직장까지 잃었다. 그 과
정에서 생채기를 여럿 입었지만, 박창진 사무장은 숨을 생각이
없어 보였다. 제2, 제3의 박창진을 위해 조금이라도 앞장서가고
싶다는 소망이 소명이 된 것 같았다.

2017년 12월 21일 대법원은 조현아 씨의 항로변경 혐의에 대
해 무죄를 선고했다. 그럼에도, 그가 더 많은 인터뷰를 하길 바
란다.

그래도 삶은 계속된다

2014년 12월 5일 새벽, 뉴욕 JFK공항에서 인천국제공항으로 이

륙할 예정이던 비행기에는 당시 대한항공 부사장 조현아 씨가 탑승하고 있었다. 사건은 승무원이 조현아 씨에게 마카다미아를 서비스하면서 발생했다. 기내 서비스 매뉴얼을 숙지하지 못한 조현아 씨는 매뉴얼에 따라 응대하는 승무원을 질책하기 시작했다. 이 과정에서 해당 승무원과 당시 사무장이었던 박창진 씨에게 욕설을 하고 폭행을 가했으며, 이미 활주로에 들어선 비행기를 돌려 사무장이 내릴 것을 지시했다. 조현아 씨의 강요에 박창진 사무장은 비행기에서 내렸고, 승객 247명을 태운 비행기는 예정보다 24분 늦게 이륙했다.

오너 일가의 갑질과 월권 행위가 드러난 이 사건은 '땅콩회항'이라 회자되며 화제가 되었다. 대한항공은 사과문으로 사건을 수습하려 했지만, 피해자에 대한 진정성 없는 사과와 조사 과정에서 조직적인 증거 인멸 정황이 드러나 국민적 분노를 샀다. 조현아 씨는 폭행과 항로 변경으로 인한 항공보안법 위반, 업무방해, 강요죄로 기소되었지만, 대법원은 항로 변경을 무죄로 판단해 징역 10개월에 집행유예 2년을 선고했다.

피해자 박창진 사무장은 지금까지 대한항공에서 근무하고 있으나, 사무장에서 강등되어 신입사원들과 같은 업무를 맡고 있다. 사건 이전에는 우수한 성적으로 사무장직을 수행하고 있었지만, 사건 이후에는 사측으로부터 영어시험에서 불합격했다는 통보를 받았다. 직장에서의 자리는 지켰으나 회사와 뜻을 같이하는 직원들에 의한 인격모독과 따돌림, 근거 없는 루머 때문에 지금까지 정신적 고통을 겪고 있다.

현재 그는 대한항공직원연대 공동대표로, 공공운수노조 대한항공직원연대지부 지부장으로, 대한항공 직원들이 진행하는 한진 오너일가 갑질 처벌 운동을 계속하고 있다.

하나고 개국공신에서
왕따가 된 교사

◈ 전경원 편

"저로 인해서 혼란스러웠고 큰 상처가 생겼지만, 하나고의 입시가 더 투명해졌고 정의로운 학교 문화가 생겼다고 생각해요. 그래서 지금도 후회가 없고요. 그렇게 우리 학교가 '부끄럽지 않은 학교'가 되면 좋겠어요."

하나고등학교.

오세훈이 서울시장을 하고, 공정택이 서울교육감이던 시절, 이재오 전 의원 지역구인 은평 뉴타운에 세워진 자립형사립고등학교다. 법인은 하나학원. 이사장은 하나금융그룹 김승유 회장. 청계재단 이사이기도 한 그는 고려대를 졸업했다.

참으로 인상적인 조합이다.

설립 초기부터 말이 많았다. 부지 특혜 의혹부터 하나그룹 임직원 전형까지. 교감이 학부모로부터 골든리트리버를 받아낸 황당한 사건도 빼놓을 수 없다. 최근엔 성매매를 하다 적발된 교사에게 '정직 3개월'을 내린 것이 들통나 거센 항의를 받기도 했다.

하나고 이야기에 '전경원 교사의 공익제보' 역시 빼놓을 수 없다. 전경원 교사는 하나고가 남녀 학생 비율을 맞추기 위해 점수를 임의로 조작했고, 편입 과정에서도 문제가 있었으며, 정권 실세 자녀의 학교폭력을 은폐했고, 교사 채용 과정도 석연치 않다고 제보했다. 2015년 8월의 일이다.

그로부터 4년이 넘는 시간이 지났다.

전경원 교사는 여전히 하나고 교사로 재직하고 있지만, 그에게 학교는 예전과 같은 곳이 아니다.

하나고등학교 개국공신

전경원　　　저는 하나고 개교준비위원이었어요.

코코아   어떻게 참여하게 된 건가요?

전경원   박사학위 받고 시간강사를 하다가, 생활고 때문에 J여고 기간제 교사로 처음 갔어요.

코코아   J여고? 거기 비리 사학으로 엄청 유명한 곳이잖아요.

전경원   그렇죠. 거기도. 딱 2년을 했는데 이 학교는 있을 곳이 아니다 싶었어요. 나중에 보니 그 학교에서 근무하던 선생님들이 경찰에 많이 불려가더라구요. 아무튼 Y고등학교에 전근 자리가 생겨 5년간 근무하고, G대학 입학사정관으로 갔어요. 성적으로 줄 세우는 입시제도를 고치고 싶어서요. 근데 6개월 근무해보니 현장으로 돌아가고 싶더라구요. 문제지 풀어주는 거 말고, 토론하고 발표하는 학교에 가고 싶었죠.

         그때 하나고등학교 신문광고를 본 거예요. '세계가 나를 키운다. 내가 세계를 키운다.' 이런 캐치프레이즈. 최고의 학교에서 토론식, 발표식 수업과 세미나 수업을 할 분들을 모신다 그런 광고였어요. 딱 여섯 명 뽑았는데 뽑혔죠. 학교 이것저것 세팅하고 교가도 제가 작사했어요.

코코아   하나그룹과 관계가 있었던 건 아니네요.

전경원   그룹과는 전혀 상관없었죠. 개교준비위원으로 온 일반

교사들은 하나그룹과 아무 상관 없는 사람들이었어요.

그 개국공신이 공익제보자가 되자, 학교는 그가 작사한 교가부터 바꿨다.
치사하고 꼼꼼한 복수의 시작이다.

어쩌다 슈퍼맨

코코아 처음 제보를 서울시의회에서 한 게 인상적이었어요. 보통은 언론을 통해 하잖아요.

전경원 그때가 김승유 이사장이랑 한창 싸우던 때였는데, 제가 서울시의회 증인으로 채택된 거예요.

코코아 아? 먼저 제보하신 게 아니구요?

전경원 네. 서울시의회에 하나고 입학 관련 민원이 여러 통 들어와서 '신입생 전형 업무' 담당으로 돼 있던 제가 증인으로 나갔고, 하나고 비리를 말하게 된 거죠.
그 전부터 학교랑 어마어마하게 싸우긴 했어요. 교감, 교장과 싸우다 안 돼서 이사장까지.
그러다 사건이 터졌죠. 2015년 8월 1일 토요일이었는데 제가 당직이었거든요. 김승유 이사장한테 잠시 만날 수 있냐고 문자 받았어요. 당직근무라 했더니 직접 학교로 오더라구요. 10시 30분쯤.

코코아

정확하게 기억하시네요.

전경원

그럼요. 되게 중요한 날이니까요. 이사장실에 갔다가 언쟁이 붙은 거죠. 인권위에 진정 낸 문제, 교감 문제, 이동관 당시 청와대 대변인 자녀 학교폭력 은폐 의혹 같은 문제로요. 그날 김승유 이사장이 그런 얘기도 했어요.
"솔직히, 이동관 전화를 받았어요. 학기 끝날 때까지는 그냥 좀 놔두라고 부탁해서 교장한테 얘기했어요. 근데 그렇게 될 수 있는 상황이 아니어서 전학 갔잖아요. 그러면 된 거지 뭘." 그래서 제가 제가 "보통 가정의 아이였으면 학폭위 열고, 징계했을 거다" 하는 얘기를 했고요.
계속 언쟁하다가 김승유 이사장이 절 이렇게 쳐다보더니, "전 선생, 우리 학교에서 징계하면 당신 다른 학교로도 못 가. 조용히 학교를 떠나시라" 딱 그러는 거예요. 그래서 제가 "정년이 2033년 2월인데, 그때까지 저는 하나고가 정의로워지는 것을 보겠습니다" 했어요. 김승유 이사장은 웃으면서 "그래요? 그럼 한번 그렇게 해보세요. 내가 수단과 방법을 가리지 않고, 못 견디게 만들어드리죠" 하더라구요. 그게 마지막 대화였어요.

코코아

그리고 서울시의회에 출석한 거군요.

전경원　네, 3주쯤 지나서 시의회 증인 출석요구서가 학교로 온 거예요. 그런데 학교에서 출석요구서도 다 뜯어 봤어요. 제 허락도 안 받고. 하여튼 그건 사소한 거니까 넘어가고….

하나도 사소하지 않지만, 여튼.

전경원　어느 시의원이 "전교 1등인 애가 하나고는 떨어진다. 학부모들이 왜 떨어졌는지 도무지 모르겠다고 한다"고 질의했어요. 증인 선서까지 했는데, 거짓말을 할 수 없는 거예요. 그래서 사실대로 얘기했죠.

코코아　즉흥적으로.

전경원　예, 그 자리에서 그냥 얘기한 거예요. 제 앞에 ○○○팀장도 교장도 거짓말을 하더라구요. '나도 계속 모른다고 거짓말을 해야 하나?' 고민도 했죠. 근데 그날 제가 많이 화나 있었어요. 제자가 카톡을 보여줘서 알았는데, 이사장이 청문회에 학생들을 동원했거든요.
　'여러분 이사장님의 지시사항입니다. 2015년 8월 26일 서울시의회 몇 층, 몇 호에서 하나고 행정감사 청문회가 열리는데, 전경원 선생님이 증인으로 출석한다고 합니다. 청문회 자리를 메워줬으면 좋겠다는 이사장님의 지시가 있습니다. 가급적이면 많이 참석해주시고, 참석할

사람은 저한테 개인적으로 카톡을 주세요.'

코코아   아.

'수단과 방법을 가리지 않겠다'던 이사장은 '사제지간'의 약한 고리를 파고든다.

아끼는 제자들 앞에서 학교 이름에 먹칠을 할 수 있겠냐는 압박이다.

전경원   그 전부터 학교에서 싸우고 있었으니까 제가 뭘 말할지도 모른다고 생각했나 봐요. 졸업생 제자들을 방패막이로 세운 거죠. 무언의 압박을 하려고. 어떻게 교사를 제자들 앞에서 위증을 하게 하나 싶었어요. 너무 화나서 그날 청문회에서 그 문자를 그대로 읽었어요. 그리고 하나고 비리를 말했죠.

그런데 저도 당시에는 후폭풍이 그렇게 클 줄은 몰랐어요.(웃음) 그냥 신문에 조그맣게 나오겠지 했는데, 인터넷에 실시간으로 퍼지고 있더라구요. 『경향신문』 1면에 나오고. 난리가 난 거예요. 전화통이 막, 기자분들 전화 오고 KBS 〈9시 뉴스〉에도 나오고. 그렇게까지 커지리라고는….

그러니까 정말 어쩌다 슈퍼맨이 된 거예요. '권력으로 이렇게 교사를 짓누르고 병신 만들 수 있나?' 이런 분노가 컸죠.

슈퍼맨, 그다음 날

코코아   제보한 다음 날, 출근하셨나요?

전경원   했죠.

코코아   학교는?

전경원   난리가 났죠. 완전히 뭐. 교무실에 들어갔는데 싸한 분위기가 느껴지더라고요. 저랑 말도 안 하려 하고. 학부모들이 검정색 상복 입고 찾아오기도 했어요. '전경원 너도 교사냐, 사퇴하고 학교를 떠나라.'

코코아   동료교사 중에서는 호의적인 분이 없었나요? 고맙다고 한다거나.

전경원   한 명도 없었죠.

코코아   그래요?

전경원   같이 의논하던 교사들도 문제 터지고, 학교에서 저를 징계위원회에 회부하고 파면시키겠다며 조직적으로 괴롭히니까 다 손 떼고, "전경원하고 안 친합니다" 하고 다 돌아섰죠. 저랑 복도에서 만나도 말도 못 하고 고개 숙이고 가고. 공포심이나 두려움이 컸던 거 같아요.

코코아 아군이 한 사람도요?

전경원 한 사람도 없었죠.

코코아 행정실 직원이라도.

전경원 행정실에 제 제자가 한 명 있었어요. 그 제자조차도 저한테 인사를 못 했어요.

코코아 아, 완전히 매장이네요.

전경원 그렇죠. 그렇게 안 하면 본인들에게 피해가 갈 정도로 괴롭히니까요. 회식 자리에서 모 직원이 테이블 돌면서 교사들한테 "당신들 가만히 있을 거야? 이번에 평가할 때 봐" 하면서 압박하기도 했어요. 학교에서 쓰는 내부통신망으로 메일 보낼 때, 수신인에 저를 두고 참조에다 전체 교직원을 다 걸어요. 그리고 저를 왕따 시키는 내용을 보내요. 그걸 보면 무슨 생각을 하겠어요. 저랑 대화도 못 하죠. 밥도 그렇고. 제가 그래서 도시락 싸서 다녔어요.

코코아 학교에요?

전경원   예, 1년을. 혼자 교직원 휴게실에서 도시락 먹었어요.

교직원 '식당'이 아니라, 교직원 '휴게실'.

전경원   근데 더 힘들었던 건, 제가 수업시간에 무슨 얘기를 했는지 애들한테 다 받은 거예요. 기숙사 학교니까 교사들 퇴근한 저녁에 부역자 몇 명이 기숙사 가서 A4 용지에 다 받았어요. "야. 전경원 선생님 수업 받은 애들 다 모여라. 오늘 무슨 얘기 했는지 써라." 이렇게.

코코아   학생들을….

전경원   그때가 8월이었는데, 학부모들은 "두 달 있으면 입시고, 9월이면 수시 원서접수인데, 선생님 뭘 기획하고 하는 거 아니냐" 했어요. 그러니까 제가 수시를 망치게 하려고 이렇게 한다는 거예요. 너무 황당했죠.

코코아   학교에 나쁜 이미지가 생기면 입시에 불이익이 생길 수 있다?

전경원   네. 그런데 오히려 그해 입시성적은 더 좋았어요. 그해에. (웃음)
　　　　'이 개새끼야, 니가 교사냐. 개자식아'라고 메일 보낸 학부모도 있었어요. 제 기사 댓글에는 제가 하지도 않는 말을 했다는 댓글이 달리기도 하고. 전경원 외부강의 나가면 사교육 기관에서 한 번에 100만 원을 받는다는 것도 있었고.

코코아   제보 내용이 아니라 개인을 공격하는 거네요.

전경원   인신공격을 하는 거예요. 너무 힘들었어요. 극단적인 생각이 들 정도의 괴로움이…. 운전하다가 반대 차선에서 차가 오잖아요? 살짝 핸들을 돌리면, 짧은 순간이겠지? 편해지고 싶다, 이런 느낌이 들 정도로 괴로웠어요.

  공익제보를 하는 순간 본질은 사라지고 제보자의 도덕을 공격해요. 타락시키는 거죠. 온갖 이상한 걸 가지고 와서 이상한 놈을 만들더라고요. 문제 있는 놈, 악감정으로 조직에 해코지하려는 놈, 파렴치한 놈으로 매도하는 거예요. 제보자의 문제를 부각시켜야 제보 내용을 흔들 수 있거든요.

'메시지를 공격할 수 없으면 메신저를 공격하라.'
  이 고전 전술은 여전히 가장 유효한 전략이다.

전경원   20년 넘게 학교에서 근무했는데, 그때 처음 저평가를 받았어요. 5점 만점인데, 동료교사랑 학부모들이 1점 대를 주더라구요. 연수대상자로 지정됐다가 서울시교육청에서 공익제보 보복이라고 심사해서 기각시켰어요. 그나마 아이들은 수업시간에 막 반항하고 냉랭하게 대하면서도 3점 대를 줬어요. 애들한테 고맙기도 하고, 미안하기도 하고 그렇더라구요.

코코아 징계도 있었나요?

전경원 징계위원회를 7차인가 8차까지 했어요. 계속 괴롭히는 거예요. 결론은 안 내리고. 휴전 상황이었죠.

학생, 학부모, 교사를 학교의 3주체라 한다. 학생들의 반항, 학부모의 항의, 동료교사의 외면…. 그는 모든 주체에게 공격을 받은 셈이다. 궁금했다. 왜 계속 학교에 나간 것인지.

코코아 그런데 학교를 계속 나가셨어요. 휴직도 안 하시고.

전경원 휴직…. 정신과 상담받고 진단서도 있었으니까 할 수도 있었어요. 근데 굴복하면 안 된다는 생각이 있었어요. 정당한 문제제기를 했는데 왕따 당하고, 징계위원회에 끌려다니고 하는 상황에 대한 분노와 오기도 있었어요. 잘못된 주장을 하고 나를 공격하는 사람들이 물러날 때까지 버텨야 한다, 먼저 그만두면 안 된다고.
　지금도 아쉬운 건 동료들이에요. 사실 교사라면 교과지식을 전달하는 기술자를 초월해야 하는데, '그냥 애들만 잘 가르치면 되지, 쓸데없이 학교랑 싸우고 왜 그래'

하는 생각에서 벗어나지 않는 거죠. 물론 잘못됐다고 생각하지만 전경원이랑 같이 학교랑 싸우면 잘릴 것 같으니 침묵하는 선생님들도 많았어요. 부역자는 삼 분의 일 정도.

코코아　되게 높은 비율이네요.(웃음)

전경원　딱 나타나는 사람들이 있더라구요. 심지어 저랑 친했던 사람도 있었고. 그때 되게 많이 실망했어요.

코코아　교사의 영향력은 엄청나잖아요. 그 태도가 아이들에게 그대로 스며드는 건데….

전경원　그렇죠. 아이들이 뭐라고 생각하겠어요? "사회가 이런 거구나, 바른 소리 하면 짤려나가는 거구나." 학교에서 배우는 거죠.
　저는 그거는 아니라고, 교육은 그래선 안 된다고 생각해요. 그래서 제가 먼저 물러날 수 없는 거고 지금도 싸우는 거예요. 저를 강제로 쫓아낼 수는 있지만 자발적으로는 나갈 수 없어요. 오히려 제가 더 잘돼야 "바른 소리 하고 권력에 맞서 싸워도 잘 살고 성공할 수 있는 거구나" 이렇게 가르치고 싶어요. 학교 짤려서 폐인 되고, 가정 풍비박산 나고 이혼하는 결말보다는.

따돌림은 나쁜 거라고 가르치던 교사들의 따돌림은 1년이 넘게 이어졌고, 전경원 교사의 왕따 생활은 '따돌림은 부당하다!'는 동료교사들의 도움에 의해서가 아니라, 종이 한 장에 의해 끝나게 된다.

전경원 10월 31일. 법인 사무국장이 불러서 가봤더니, 해임장을 주더라구요. 표정 관리가 안 됐어요. "이 해임장이 얼마나 부당한지 교원소청심사위원회에서 확인받아서 다시 돌아오겠습니다" 하고 자리로 돌아갔죠.

해임장 아래 행정조치 사항이 붙어 있었어요. '현 시간부로 선생님의 신분증은 작동하지 않고, 학교 출입을 금하며, 노트북은 6시간 이내에 반납하시오.' 뭐 이렇게. 짐을 다 싸라고 하더라구요.

코코아 당일에 바로?

전경원 바로. 애들한테 뭐라고 인사해야 하나 고민되더라고요. 제가 학교에 많이 요구했던 것 중 하나가 기간제 교사가 오면 아이들이랑 인사하는 시간을 가지는데, 갈 때는 아무 말도 안 하고 그냥 싹 사라진다. 떠나갈 때 예를 갖춰서 우리가 모셔와서 고생한 선생님에게 시간이라도 줘야 하는 거 아니냐는 거였어요. 그래서 작별 인사를 하려고 인트라넷에 접속하려 했는데, 로그인이 안 되는 거예요. 해임장 주기 전에 이미 차단해버린 거죠.

코코아   그 해임장, 혹시 가지고 있나요?

전경원   있죠.(웃음) 기념인데. 집에 잘 보관해놨어요.

코코아   해직됐을 때 가족들은 어땠나요?

전경원   집사람이 되게 슬퍼했죠. 제가 혼자 생계를 책임졌으니
         까요.

코코아   해임까진 예상을 못 했던 건가요?

전경원   알았죠. 제가 의회 나가기 전에 그랬어요. 여기서 이야기
         하면 나는 틀림없이 해임될 거다. 근데 싸워서 복직되면
         밀린 월급 받으니까 그때까지만 잘 견디고 대출을 받아
         서라도 살자. 진짜 파면되면 학원 강사라도 하면서 살아
         도 된다. 걱정 마라. 이렇게. 집사람은 조용히 시골에 가
         서 살자고 그랬어요. 많이 힘들어했죠. 애들이 아직 어리
         니까.

         전경원 교사가 해임장을 받은 10월 31일은 김승유 이사장의 임
         기 마지막날이었다.

버티는 기술

코코아　　　해직 기간에는 어떻게 지내셨어요?

전경원　　　글 쓰고 산책하고 했죠. 책도 썼어요.『그림서사학』이라고.

코코아　　　아아. 책 봤는데, 동명이인인 줄 알았어요.

전경원　　　해직된 기간 동안 '이건 하늘이 준 기회다. 여태 못 했던 공부를 해보자!' 해서 글을 엄청 썼어요.『동아시아의 이상향』이란 책도 냈고.

코코아　　　둘 다 학술적인 책이네요. 잘 안 팔릴 거 같아요.(웃음)

전경원　　　아직 나온 지 얼마 안 돼서.(웃음)

코코아　　　4개월 동안은 책을 쓰고….

전경원　　　제가 한문학을 전공하지 않았으면 그런 좋은 생각을 못했을 거예요. 정약용 선생님의『여유당전서』를 보면 이런 표현이 나와요. "공무에 바빠서 책을 읽거나 글을 쓸 시간이 전혀 없었는데, 유배를 가게 되었으니 하늘이 나에게 특별히 내려준 고마운 시간이다." 그렇게 유배 사는 18

년 동안 책을 다 쓰시잖아요. 그게 저한테 시사하는 바가
컸어요. 매일 술 마시고 괴로워하기보다는 스트레스 덜
받고 재미있고 의미 있게 시간을 보내다 복직하고 싶었
거든요.

저한테 학교 정문에서 의자 몇 개 놓고 길거리 수업을
해라, 아니면 매일 일인 시위라도 하라는 분도 있었거든
요. 추워 죽겠는데 겨울에.(웃음)

코코아　이벤트로는 좋은데 지속 가능하지는….(웃음)

전경원　그렇죠. 물론 그 방법도 의미는 있는데, 좀 슬플 것 같았
어요. 오히려 제가 할 수 있는 방법으로 즐겁고 건강하
게 지내는 게, 저 사람들을 이기는 방법이 아닐까 생각했
어요.

최근엔 의식적으로 가족들 신경 더 쓰고, 여행도 많이
가고 있어요. 어제도 춘천에서 온가족 마라톤 대회 참가
하고 왔거든요. 어쨌든 건강하게 잘 살아야 하니까요.

코코아　승화시키셨네요. 원래 성격이 많이 긍정적인가요?(웃음)

전경원　되게 긍정적이에요. 그게 저의 장점이자 단점인데, 친구
들이 "형은 너무 이상적이야"라는 평가를 많이 해줬어
요. 근데 학교랑 싸우면서 이상만 가지고 세상이 바뀌지
않는다는 걸 깨달았어요. 이상은 아주 크게 갖되, 현실의

땅에 항상 발을 디디고 있어야 한다는 거요. 하나고를 개혁하려고 하면 아주 철저한 장사치 같은 현실 감각이 있어야 하거든요.

사실은 하나고랑 싸우면서 죽을 수도 있겠구나 했어요. 주변에서도 많이 걱정했고. 혹시 집에 와서 불지르지 않을까 해서 자료를 분산해서 보관할 정도로 신경이 곤두서는 거예요. 지금도 사실은 운전할 때 미행하는 차 없나 쳐다보고 그래요. 버릇이 돼서.

코코아   버티는 것만 해도 대단한 일이네요.

전경원   사실… 조직적으로 저를 쫓아내려고 하는 곳에 속해 있다는 것만으로도 엄청난 정신적인 압박을 견뎌내는 거거든요.

코코아   혹시 전교조에 가입하셨나요?

전경원   전교조는 학교랑 싸우면서 가입했어요.

코코아   학교에 전교조 교사는?

전경원   저밖에 없어요. 한 명.

코코아   학교에서 되게 싫어하겠네요.(웃음)

| 전경원 | 그렇죠.(웃음) 전교조에서 많이 도와줬어요. 사실 전교조 없었으면 혼자 못 싸우죠. 시민단체랑 전교조가 제일 큰 힘이 되어줬죠. 참여연대, 호루라기재단, 흥사단, 한국투명성기구, 전교조. 이런 곳. |

| 코코아 | 나라에서 도움을 받은 건 없었나요? |

| 전경원 | 아⋯. 국가기관은, 사실 저는 믿을 수가 없더라구요. 예를 들면 제가 했던 말이나 자료가 학교 관계자에게 전달되는 경우가 있었어요. 신뢰할 수가 없는 거죠. |

| 코코아 | 법적으로 보호받을 수 있는 제도도 없었고. |

| 전경원 | 호루라기재단에서 변호사님도 지원해주시고, 참여연대에서도 도와주시고 그랬어요. |

| 코코아 | 주로 시민사회에서 도움을 받으신 거네요. |

| 전경원 | 예. 저는 시민사회에 대해 별생각 없이 살아오다가 이 일을 경험하면서 엄청나게 생각이 바뀌었어요. 지금은 한 달에 내는 후원금만 해도 30만 원 정도 돼요. 도움을 너무 많이 받아서 중요함을 깨달았죠. |

복직, 그러나

2017년 2월 23일, 교육부 교원소청심사위원회는 전경원 교사 해임이 '공익제보에 대한 보복'이라 판단하고, 해임 취소 결정을 내린다. 하나고는 복직 명령을 내리지 않고 버틴다.

3월 10일, 직접 학교로 찾아간 전 교사가 학교장에게 문제를 지적하고 나서야 복직 명령이 떨어졌다. 첫 출근은 3월 15일. 개학이 2주나 지난 때였다.

코코아   복직하고 수업은 하고 있으시죠?

전경원   네, 수업은 하고 있어요.

코코아   학사 계획은 3월 전에 결정하잖아요. 배정된 수업이 있던가요?

전경원   아뇨. 다른 선생님들 수업을 조금씩 나눠서 하고 있어요.

코코아   미리 선생님 몫을 짜지 않았던 거네요. 복직 안 된다고 생각했었을까요?

전경원   아유. 본인들도 그걸로 자를 수 없다는 걸 알아요. 그냥 괴롭히는 거죠. 계속 혼자 밥 먹고, 수업 들어가고, 교재 연구하니까 강제로 보낼 수는 없잖아요.

코코아 그렇죠. 수업은 다 하니까.

전경원 네. 학사는 제대로 하고 있어요. 그러니까 더 싫겠죠. 잘 라내고 싶은데 제 발로는 안 나가고 따돌려도 버티니까.

코코아 아직도 도시락 싸서 다니세요?

전경원 복직한 다음부터는 식당에서 혼자 먹고 있어요. 생각해 보니까 집사람을 너무 고생시키는 것 같더라고요. 지금 도 제가 교직원식당에 가면 근처에 아무도 안 와요.

코코아 동료교사들의 행동은 여전히 이해되지 않네요.

전경원 그렇죠.

코코아 같이 교육자로 일하는 사람인데.

전경원 그러게요. 근데 저랑 가깝게 지내면 본인에게 파편이 튀 니까. 그런 게 이해는 돼요. 제가 복직한 다음에 새로 기 간제 선생님이 오셨는데, 반가운 마음에 "어디서 근무하 셨어요?" 인사했더니, 화들짝 놀라면서 "××고등학교 요" 하고 교무실을 나가더라구요. 그때 교무실에 아무도 없었거든요. 근데 사람들 있는 곳에서 내가 말 걸면 얼 마나 힘들까, 그런 생각이 들었어요. 그 뒤로는 대부분의 선생님들에게 인사를 안 해요.

저 때문에 상처를 입은 선생님들도 있어요. 제가 공익 제보를 할 때 관련된 사람들이죠. 예를 들면 청와대 대변인 아들의 학교 폭력을 문제삼았을 때, 그 담임이나 조사했던 선생님이나. 교원 채용이나 입시, 편입도 마찬가지고요. 그분들은 저한테 좋은 감정을 갖기 어려울 것 같아요.

코코아 하나고에서 왕따 생활은 얼마나 더 지속될까요?

전경원 글쎄요. 제일 큰 문제는 관리자예요. 교장, 교감, 이사장. 자리를 만들고 해결을 주선해야 할 사람들이 오히려 그걸 자기 지배수단으로 삼고 부추기는 한 이 문제는 해결될 수 없어요.

코코아 학생들도 체감할까요?

전경원 아이들이 다 알지는 못 할 거예요. 다만 '학교에 권력을 쥔 분들이 전경원 선생님을 호의적으로 생각하지 않는구나' 정도는 알겠죠. 그러니까 수업시간에 약간 저항하듯 말하는 걸 테고.

코코아 이전이랑 다른가요?

진경원 확실히 다르죠. 수업시간에 아이들이랑 농담도 하고 사적인 이야기도 하던 게 완전히 사라졌으니까요. 공식적인 용어만 하는 거예요. 개인적인 생각도 절대 말하지 않고. 모든 게 또 꼬투리가 되니까요.

코코아 수업까지 영향을 미치고 있는 거네요.

진경원 그럼요. 아이들하고 교감하지 못해요.

코코아 그게 젤 중요한데.

진경원 예, 그렇게 만들어버린 거죠, 학교에서. 한번 사찰을 당해보니 그 트라우마가 엄청나요. 자기검열을 하게 되더라고요.

그날 이후로, 가르치는 학생들과 교감할 수 없다.

코코아 사학 문제랑도 연결되는 거 같아요. 사립학교에서 교사 지위가 엄청나게 위태롭잖아요. 휘둘리기 쉬운 구조고.

진경원 네, 그렇죠.

코코아 사립학교끼리 블랙리스트를 만들어서 학교에 반항하는 교사는 거른다는 이야기도 많이 떠돌잖아요.

| 전경원 | 있을 거예요, 당연히. 사립연합회는 유대나 친목이 튼튼한 조직 중에 하나예요. 정보를 공유하기 때문에 다른 곳으로 옮기기 힘들지 않을까 싶어요. |

코코아 그런 면에서는 오히려 사기업보다 취약한 것 같기도 하네요.

전경원 특히 하나고는요, 전국에서 CCTV가 제일 많아요. 130개가 넘는 CCTV가 있어요. 이걸로 특정 교사들의 동선을 파악해서 학교에 보고했다는 의혹을 들은 적도 있어요.

코코아 학교에서 부정한 일이 생기면 선생님을 찾아가는군요. 좋은 구심점 역할이네요.(웃음)

전경원 (웃음) 몰래 해요. 비공식적으로.

코코아 대다수의 공익제보자들이 자신이 일하던 곳에서 나오잖아요. 선생님은 되게 기념비적인 사례이긴 하네요. 그 자리에서 버티고 있다는 게.

전경원 근데 운명이 참 묘한 게요. 저를 징계하려고 했던 사람들 있잖아요? 김승유 이사장은 임기가 끝났고, 교장은 퇴임. 교감은 파면 요구되고 곧 바뀌게 될 거고. 저를 탄압했던 사람들이 하나씩 사라지더라구요. 얼마 전에 하나고에서 성매매했다고 나온 교사도 저를 자르려고 앞장 섰던 사람이거든요. 제가 제보했을 때 학교 그만 공격하라고 단식한 후배도 있었는데 그 친구도 사직서를 내고 나갔어요. 자연스럽게 정리가 되더라구요.

저는 공익제보자들이 더 잘돼야 한다고 봐요. 사실 청와대, 국정원, 검찰, 국세청 같은 권력기관은 공익제보가 더 활성화돼야 해요. 그래야 최순실 사태 같은 걸 방지할 수 있는 거잖아요. 지금보다 공익제보 해도 망하지 않는다, 출세할 수 있다, 이런 케이스가 많아지고 조명돼야 공익제보가 확산될 수 있거든요.

코코아 알겠습니다. 끝으로 쭉 이야기해왔지만, '어쩌다 슈퍼맨' 이 된 소감을 여쭤보고 싶어요.

전경원 당시에도 지금도 고통스럽고 힘들지만, 잘 선택했다고 생각해요. 처음 제보했을 때 저한테 항의한 아이들이 있거든요. 그때 제가 이런 말을 했어요.

"사람이 평생 건강하게 살 수는 없다. 어느 순간에는 곪아서 살이 썩을 수도 있다. 의사가 그 부분을 수술로 도려내야 한다고 할 때, 피 보기 싫고, 무서우니까 안 하겠다고 할 수는 없다. 의사를 나쁘다고 할 수도 없다. 수술해야 새 살이 나고 건강해지는 거다. 세월이 한참 지나서 이 상처를 볼 수 있을 때가 되면, 우리가 지금처럼 분열하고 갈등하는 선생님과 제자의 관계는 아닐 거라고 생각한다.”

지금도 마찬가지라고 생각해요. 하나고가 곧 10주년
이 되거든요. 이 사건을 그때 돌아봤을 때 어떻게 평가할
수 있을까요? 저로 인해서 혼란스러웠고 큰 상처가 생겼
지만, 하나고의 입시가 더 투명해졌고 정의로운 학교 문
화가 생겼다고 생각해요. 그래서 지금도 후회가 없고요.
그렇게 우리 학교가 '부끄럽지 않은 학교'가 되면 좋겠
어요.

한 교사가 학교 이사장과 싸운다. 자신의 목숨줄을 쥐고 있는 사
립학교 이사장이다. 정권의 실세로 불렸던, 금융 재벌이다. 돈도
어마어마하게 많다.

그 주변에 동료는 없다. 학부모, 동료교사 심지어 학생들까지
그가 학교 이름에 먹칠을 한다고 말한다. 그를 조직의 배신자라
부른다.

막막한 상황이다. 그럼에도 그는 용기를 냈고, 버텼다. 그 힘
은, 용기는 어디서 온 것일까.

그가 '어쩌다 슈퍼맨'이 된 바로 그날, 서울시의회에서 했던
말에서 작은 힌트를 찾았다.

“저는 돈을 만지는 금융업 종사자가 아닙니다. 펜을 잡고 있는
교육자입니다. 지금 이 자리에 와 있는 제자들이 졸업할 때, 제가
이런 글을 써줬습니다. 너희들이 사회에서 어떤 일을 하건 사회
에 필요한 일을 하고 부끄럽지 않은 일을 하라고 가르쳤습니다.
의사가 되면 소외된 사람들을 더 배려해야 되고 교육자가 되면

이 시대의 학생들이 무엇을 아파하는지에 대해서 고민하라고 가
르쳤습니다."

펜을 잡고 있는 교육자. 교사. 선생님.

그가 온갖 수모를 겪으면서도 자신을 지켜냈던 이유는 아마도
그 단어의 무게 때문이 아니었을까.

아직 끝나지 않은 하나고의 보복

2015년 8월, 서울시의회에서 자립형 사립고등학교인 하나고의
특혜와 의혹을 규명하기 위한 청문회가 열렸다. 김승유 이사장
등이 참석한 이 자리에 증인으로 출석한 전경원 교사는 하나고
가 남학생을 더 선발하기 위해 서류전형에서 추가 점수를 주는
방식으로 입학 성적을 조작해왔으며, 청와대 고위공직자 자녀의
학교 폭력을 은폐하기 위해 학교폭력위원회를 열지 않았다고 증
언했다.

검찰 수사 결과 하나고가 2011~2013학년도 신입생 입학전형
에서 구체적인 점수 부여 기준 없이 점수를 부여하거나, 합격생
에게만 일괄적으로 5점을 부여하는 등 평가 기준대로 평가 요소
별 점수를 부여하지 않았다는 사실이 밝혀졌다. 하지만 배신자
로 낙인찍힌 그는 학교의 조직적 괴롭힘에 시달린다. 징계위원
회에 회부되고, 교사평가에서 최저점수를 받는가 하면 수업을
사찰당하기도 했다. 그와 어울리는 동료교사들에게는 불이익을

주겠다는 압박도 있었다. 그렇게 1년의 시간을 버틴 후 학교로부터 해고 통보를 받기에 이른다. 교육부 교원소청심사를 통해 해임 통보가 '공익제보에 대한 보복'임을 인정받고 4개월 만에 학교로 돌아갈 수 있었지만, 그를 향한 학교의 '보복'은 아직 끝나지 않았다.

이번 추석엔
시댁에
가지 않았어요

◈ B급 며느리편

"그 선택으로 인해서 내가 나를 죽이고, 감정적으로 힘든 것을 감내하면서 살아가고, 그게 당연한 삶을 살게 된다면 여성이 왜 결혼을 하겠어요. 저는 며느리에게 기대되는 감정의 디폴트값은 옳지 않다고 봐요."

최고의 명절을 보낸 부부가 있다. 캠퍼스 커플에서 한 아이의 부모가 된 호빈과 진영은 추석 때 시댁에 가지 않았다. 진영은 기쁘고 호빈은 짜릿했다. 완벽한 추석이었다.

최고의 추석은 모진 날들 위에 핀 꽃이다. 진영과 호빈은 결혼 후, 아니 결혼 전부터도 싹튼 고부갈등으로 바람 잘 날 없이 살았다.

아이가 태어나자 갈등은 본격화된다. 진영과 시어머니 사이를 긁고 지나간 말들은 돌아서면 사라져 증명할 수가 없었다. 기분은 상할 대로 상하고, 사실 없는 서로의 주장만 남았다.

진영은 호빈에게 촬영을 요구한다. 마침 호빈은 영화를 만드는 사람이다. 뱉은 말과 지었던 표정을 찍으려고 켠 카메라로 호빈은 1년 반 가까이 어머니와 진영의 다툼과 거기서 파생된 부부 싸움을 적나라하게 담았다. 다큐멘터리 영화 〈B급 며느리〉는 이렇게 만들어졌다.

이 영화는 고부갈등을 보여준다. 호빈의 동생을 도련님이라고 부르라는 시댁과 이름을 부르겠다는 진영 사이의 갈등에서, 진영의 고양이를 치우라는 시어머니와 고양이를 지키려는 진영 사이의 갈등까지. 그리고 며느리 진영과 시어머니를 둘러싼 시아버지, 고모, 동생의 입을 향한다.

"며느리는 하인이야."

"고부관계에서는 남자가 잘해야 돼. 여기 가선 이 편 들고, 저기 가선 저 편 들고."

갈등을 쫓으며 담고 보니 이건 시어머니와 며느리 싸움이 아니었다. 필름 속엔 그들을 그토록 다투게 만든 구조, 가부장제가 있었다. 시어머니와 며느리 진영은 주체가 아니라 가부장제라는 게임의 말이다. 그래서 이 영화는 고부갈등 영화가 아니다.

'아주 전형적인 고부갈등'을 담은 영화는 그래서 상업영화가 아님에도 화제였다. 개인의 삶보다 가족 내 역할을 강요하는 우리 사회의 가족주의, '다들 그러고 산다'는 말에 하이킥을 날리려고 일어선 부부에 대한 화답이었다.

1시간 20분, 스크린에 펼쳐진 부조리에 호빈의 부모가 있었다. 영화는 막을 내리고, 어지간한 언론 인터뷰도 지나간 자리. 전통적 가족문화라는 큰 바위에 하이킥을 날리려다 엄마, 아빠를 빗겨치기할 수밖에 없었던 이 부부는 무사할까.

아싸와 핵인싸

인지니어스 자기 얘기부터 해보죠. 나는 어떤 인간인가?

선호빈 진영이는 아웃사이더고, 저는 인사이더예요. 근데 불만은 많은 인사이더? 시스템 안에서 궁시렁대고 있죠.

인지니어스 대놓고 말은 못 하지만, 문제를 인식하고는 있다는 거네요?

선호빈 그렇죠. '저 꼰대들하고 얘기해봐야 무슨 의미가 있나.' 그런 게 체화돼서 말하지 않는 것 같아요. 말 안 하고 액선을 하면 되지, 굳이 홍준표를 설득할 의지는 없어요.
원래 성격이 좀 그래요.

호빈은 전형적인 가부장제 안에서 자랐다.
아버지는 근엄한 가장, 어머니는 성실한 며느리였다.
호빈의 집에는 '원래 그렇게 해야 하는 것'이 많았다.
그런 분위기라, 호빈은 순종적이다. 적어도 어른 앞에서는.

인지니어스 진영 씨는 어때요?

김진영 집에서 "넌 야무진 아이야" 소리 들으며 자랐어요. 스스로도 그렇게 생각했고요. 세상 모든 것에 대해서 제 의견이 있고, 누구에게든 그걸 설명하고 납득시킬 수 있다 생각했죠. 다른 인터뷰를 보셨으면 알겠지만, 제가 말을 굉장히 잘해요.
　근데 남편이 저한테 헛똑똑이라는 말을 많이 했어요. 생각해보니 맞더라구요. 서른에 딱히 직업도 없이, 혼전임신으로 결혼했잖아요. 현실에서 보이는 김진영은 굉장히 실속 없는 인간인 거예요.

인지니어스 진영 씨 캐릭터가 독특해요. 캡틴 아메리카 아세요? 사실 되게 옛날 사람인데 냉동 상태로 잠들었다가 현대에 팍 깨어나는 거예요. 그래서 가끔은 이 시대 사람이 맞나 싶을 때가 있어요. 처음 봤을 때 진영 씨는 한국 문화나

관습과 단절되어 있다가 팍 깨어나온 사람 같았어요.

선호빈   어우. 그런 느낌이 있어요. 어떤 의미에서는 교과서적이라고 제가 표현하는데….

김진영   고지식하다고 하기도 하고요. 결혼 초까진 "넌 되게 특이하다, 특별하다"고 하더니 시어머니와 갈등이 시작되면서 저를 또라이라고 했죠.

선호빈   또라이라는 건 결혼 전에도 했던 말인데 뉘앙스가 달라지긴 했어요.

김진영   친정에서는 굉장히 자연스러운 행동이거든요.

선호빈   진영이네 집은 갈라파고스 같은 느낌이 있어요.

김진영   결코 민주적인 환경은 아니었어요. 저희 아빠는 성질이 불같아요. 누가 앞에서 운전을 너무 거칠게 하면 그 자리에서 내려서 정말 치고받고 싸우는 분이에요. 제가 크는 동안 거의 매달 합의금이 나갔죠.
    똑같은 일이 생겼을 때, 남편은 차에 앉아서 욕을 하고 삿대질을 하고 성질을 부려요. 저는 그렇게 짜증나면 차라리 가서 싸우고 오라고 해요.
    아빠가 그렇게 싸우는 게 불편했지만, 한편으론 맞는

행동이라 생각했어요. 열 받게 하는 사람을 조지고 옆 사람에게는 풀지 않거든요. 그런데 남편은 가장 가까운 가족을 불편하게 하는 거예요.

인지니어스   진영 씨 어머니는 며느리로서 어땠나요?

김진영   할머니 성격은 아빠처럼 세고, 직설적이에요. 엄마가 몇 번 데이고 나서 시댁에 가길 거부했고, 아빠는 시댁에 가야 한다고 강요한 적이 없어요. 저희 엄마 아빠가 한 동네에서 크셔서, 시댁을 못 가게 되면서 친정도 안 갔죠.

인지니어스   기본적으로 근거가 있으면 논쟁이 가능한 분위기인 것 같네요.

김진영   결코 민주적인 집은 아니었지만, 논리적이고 조리 있게 말하는 것에 대해서는 누구도 손가락질을 하지 않았어요. 그래, 네 말이 맞다, 이런 분위기.

　그런 분위기다 보니 시댁과의 갈등이 시작될 때, 저는 지금껏 그래왔듯이 누구도 반박할 수 없는 논리의 날실과 씨실을 엮어내면 제 말이 맞다고 해주실 줄 알았어요. 그래서 내가 천년 가까이 내려오는 이 조선의 악습을 바꿀 수 있나 보다, 그렇게 시작했어요. 나는 이길 수 있다고. 근데 그게 아니더라구요.

진영은 논리로 대화하는 가정에서 자랐다.

부모님은 보수적이었지만 어려서부터 진영을 당찬 아이로 키웠다.

진영의 집에는 원래 그런 것 대신 '논리'와 '설득'이 있었다.

논리와 설득의 대상에는 어른도 포함되었다.

인지니어스 '갈라파고스'에서 온 진영 씨가 봤을 때 선씨네 가족은 어땠어요?

김진영 결혼하고 처음에 되게 놀랐던 건, 남편네 가족이 초등학교 교과서에 나올 법한 가족의 모습이었다는 거예요. 아버지는 엄하시고 어머니는 자애로우시고 추석에 모두 모여 하하 웃으며 송편을 먹었습니다. 딱 그런 가족이에요.

인지니어스 그런 행동을 하는 가족이라는 의미죠?

선호빈 본인들이 그렇게 살려고 하는 욕망이 굉장히 강하시니까, 끈끈한 이미지의 행동을 계속해요.

김진영 이상적인 가족에 대한 집착이 크다 보니 갈등이나 분노를 묻는 가족이에요. 남편은 어떻게 보면 저보다도 더 부모님을 어려워하고 불만이 많아요. 그런데 그것들을 애써 묻고 없는 것처럼 살아요. 이 가족 안에서의 첫 갈등이 저와 어머님의 고부갈등이라고 하는데, 저는 그렇게 생각 안 해요. 제가 가서 한 일은 묻어뒀던 갈등을 표면화시킨 거죠.

인지니어스 말만 들어선 시댁에선 아무도 싸우지 않을 거 같은데, 그런가요?

김진영 남편이랑 시어머니가 싸우는 걸 보고 제가 경악을 했어요. 저도 부모님이랑 자주 다투지만, 한 번도 남편처럼 한 적은 없어요. 자기 엄마랑 싸우는데 '와…. 엄마한테 저렇게 성질내네' 했죠. 근데 더 황당했던 건, 그렇게 미친 듯이 화를 내놓고 10분도 안 돼서 아무 일 없던 것처럼 밥을 먹더라고요.

선호빈 아냐. 10분은 아니고…, 한 두 시간 지났어.

김진영 성질내는 거 보고 제가 다 심장이 벌렁벌렁 했는데, 둘은 평화로워요. 그런데 금방 화해하고 푸는 게 아니라 싸우면서 수면에 올라온 갈등이 있었는데 그걸 서둘러 덮는 모습이었어요. 아니나 다를까 결혼하고 나니 그게 문제가 되더라고요. 저는 그런 식으로 불만을 묻는 사람이 아닌데, 남편은 뭔가 수면으로 올라오면 서둘러 묻는 패턴이 반복되었으니까요.

선호빈   본질에 못 다가가는 거죠. 감정싸움만 하고.

인지니어스   본질을 회피해도 싸울 때 감정은 상하지 않아요?

선호빈   상하죠. 그런데 싸워봤자 아무것도 해결되지 않거든요. 어머니랑 싸우면 종국에는 어머니의 '어따대고 엄마한 테…'로 가게 돼요. 어쩌면 그래서 같이 밥을 먹을 수 있 는 거 같기도 해요. 본질은 안 건드렸으니까. 그 짓을 한 서른 넘어서 했죠.

지금 생각하니까 진영이한테 고맙긴 하네요. 서른 넘 게 쳇바퀴만 돌다가 이제는 제가 싸우는 법을 좀 익혔거 든요. 그리고 어느 집이나 부모 자식 관계에 모순이나 앙 금이 있잖아요. 그걸 진영이가 빵 때려서 터트려준 것 같 아서, 저도 해소된 게 많았어요.

B급 며느리

결혼 전부터 시어머니는 진영에 대한 요구를 숨기지 않았다.

처음에는 진영도 어느 정도 요구를 수용했다.

결혼 후, 시어머니의 요구로 진영이 시댁에서 산후조리를 하 면서 본격적으로 쌓인 감정은 1년이 지나지 않아 폭발한다.

진영은 대한민국 며느리들이 짊어져온 모든 억압과 착취에 맞 서겠다고 다짐한다.

인지니어스	처음에 진영 씨가 빵 때렸을 때는 어땠어요?

선호빈	진짜 깜짝… 미친 사람인 줄 알았어요. "저는 안 보고 사는 게 좋습니다." 이걸 영화나 책이 아니고 실제로 보면 진짜 입이 떡 벌어져요. 우리나라에서는 어른한테 말을 돌려 하잖아요. 진영이는 그런 거 없고 기분이 너무 나쁘다고, 우리 집에서 나가달라고 하는데 되게 충격적이었어요. 처음에는 또라이 아니냐고 그랬죠.

김진영	각자의 인생에 충실하자고 했잖아. 그 정도면 잘 말한 거지.

선호빈	왜 그랬냐고 물었더니 "내가 A라고 생각해서 A라고 말했는데 뭐가 잘못 됐어?" 하더라고요. 그런데 틀린 말이 아니라서 할 말이 없는 거예요. 그래도 말을 좀 돌려서 해야 되는 거 아니냐니까 "시부모님들은 왜 돌려서 안 해?" 그래요. 생각해보니 그것도 얘 말이 맞아서 나도 막 동조가 돼…. 하여튼 설득력이 있어요.

인지니어스	이렇게 설득이 잘 되는데도 진영씨가 느꼈을 때 장벽이 있었어요?

김진영	남편은 설득이 돼요. 그렇지만 정작 그걸 시부모님께 하면 어떻게 우리 부모한테 그럴 수가 있냐고 난리를 치는

거예요. 남편이 정말 미웠던 지점이죠. 저는 적어도 시부
모님한테 감정조절을 못 하고 덤빈 적은 없거든요.

선호빈　　맞아요.

김진영　　흥분해서 막말을 하신 건 시부모님이에요. 근데 그럼에
도 불구하고 시어머니가 드러누우면 모든 비난이 저한
테 오는 거예요. 그 전까지 제가 들었던 폭언은 다 공중
으로 가고, 오히려 폭언을 듣고도 흥분하지 않았다는 이
유로 잘못은 다 저한테 오더라구요.

선호빈　　그럴 땐 진영이가 너무 인간미 없는 것처럼 보이는 거죠.

김진영　　시부모님들 입장에선 나를 미워할 수 있어요. 친자식도
아니고, 본인들 입장에서는 조용하다고 생각한 집에 분
란을 일으켰고, 세트로 내가 손자도 안 보여주면. 그런데
'남편 너는 뭐냐?' 너무 서운한 거예요. 그리고 사실은
제 이런 모습을 연애할 때 굉장히 좋아했거든요.

선호빈　　아니, 아니야. 그런 모습을 좋아한 게 아니야.

김진영　　독특하다면서 저한테….

선호빈　　아니라고, 그 모습 아니라고.

김진영	너 정말 특이하다. 다른 여자 같지 않다.
선호빈	이 정도인지 몰랐지.
김진영	이러면서 좋아했는데 그게 본인 엄마랑 부딪치기 시작하니깐.
선호빈	아니야. 아니야.
	24시간 함께하는 사람들의 티키타카에는 힘이 있다. 나 따위가 끼어들 틈은 없다.
김진영	제 성격은 변한 게 없는데, 전에는 좋다더니 이젠 비난하기 시작하는데…. 내가 사람을 잘못 봤구나. 나를 이해하는 그런 사람 아니구나 생각했죠.
선호빈	아니…. 그게 아니라.
김진영	저희 엄마가 결혼하기 전에 그랬어요. 네가 지금 젊고 예쁘니까 비위 맞춰주는 거라고.
선호빈	그래도 지구인일 줄 알았던 거야. 나는.
김진영	그 말이 딱 맞았어요.

선호빈   첨 봤다니까. 태어나서 첨 봤다니까….

정적….

선호빈   그… 저희 무슨 얘기 했었어요?

그리고 아무도 기억하지 못했다.

며느리라는 존재

며느리는 어떤 사람인가에 대해 가족들은 저마다의 정의를 내린다.
   진영의 답은 나오지 않는다. 대신 진영은 며느리가 어떤 사람인지 행동으로 보여준다.

인지니어스   영화에서 가족들이 저마다 며느리를 정의하는데, 정작 주인공의 대답은 못 들은 것 같아요. 진영 씨는 며느리가 어떤 사람이라고 생각해요?

김진영   한마디로 남이에요, 남. 자기 아들과 결혼한 여자를 부모들이 그렇게 부를 뿐이지, 이 여자의 원래 정체성 중에 며느리라는 건 없어요. 자기 존재를 규정할 때 며느리라는 정체성에 맞춰 생각해온 여자는 없을 거예요.

아들이랑 결혼하는 여자는 아들과 서로 사랑하는 여자면 족하죠. 애초에 며느리와 시어머니는 서로에게 무엇을 해주는 존재가 아닌데, 그 의무감을 좀 벗었으면 좋겠어요. 아들과 결혼한 여자는 그냥 아들과 결혼한 여자라는, 그 사실만을 있는 그대로 받아들이면 얼마나 좋겠어요.

며느리는 시어머니에게 봉사하고, 시어머니는 며느리를 위해서 뭔가 해줘야 한다는 의무감에 묶이는 순간 상대의 존재 자체가 부담인 거죠. 그리고 거기서부터 어머니와 자식의 관계, 부부의 관계가 다 어그러지는 거예요. 저희 부부가 겪었던 거처럼.

인지니어스 그렇다면 며느리와 시어머니가 잘 지낸다는 건 어떤 거예요?

김진영 기본적인 인간관계랑 같죠. 배려랑 커뮤니케이션이요. 저희 시어머니 인간관계 좋으세요. 굉장히 매너 좋고, 쾌활하세요. 근데 유독 며느리를 대할 때는 인간관계의 모든 규칙이 날아가버려요. 제가 거절하면 "어디 시어머니한테" 이렇게 난리가 나는 거예요.

선호빈 내용보다는 거절 자체를 못 견디시는 게 있어요. 특히 며느리가 시어머니, 시아버지한테 말대꾸를 한다는 자체를 놀라워하시는 거죠.

김진영   시어머니는 아들을 명문대에 보내고 결혼도 시켰고, 이런 과정을 거쳐 본인이 사는 삶의 방식이 있었거든요. 자기 인생이 옳다고 생각하는 것은 자유지만, 그 방식을 상대에게 강요할 수는 없죠. 특히나 상대가 받아들이고 싶지 않을 때 그걸 누가 밀어넣을 수 있겠어요. 그런 관계는 세상에 없는데 말이죠. 그래서 부당하다고 생각했거든요. 며느리가 대체 뭐길래 이렇게 막 대하는 걸까?

인지니어스   그래서겠죠? 영화에서 진영 씨가 "진짜 왜 그렇게 나 싫어하는 거야?"라는 말을 해요. 그동안 호빈 씨는 방관하는 캐릭터로 나와요. 중재보다는 아내와 어머니 사이에서 탁구공이에요. 영화에는 왜 방관자 남편만 부각되나요?

선호빈   1차 편집본을 보니 남편인 제가 내레이션도 하고, 감독도 하고, 등장도 하는데 거기다 액션까지 많이 하니 너무 과해지더라고요. 제 거대한 변명이 되었어요. 감독이 영화에 나오지 않아도 사람들은 컷마다 감독의 의도가 들어 있다는 걸 다 아는데.

      그래서 많이 죽였어요. 선호빈을 멍청하고 수동적이고, 비겁한 남자로 깔고 최대한 분량을 줄이자고. 물론 감독으로서 제가 부족했던 부분도 있었어요. 디테일을 잡아줬으면 나았을 거라고 보거든요. 영화에 나온 제 모습 때문에 영화 자체를 싫어하는 관객들이 많았어요. 기자들 10자평 중에도 "남편새끼 뭐야? 2점" 이런 것도 있었어요.

인지니어스 답답하긴 했어요.

선호빈 좀 억울한 면이 있죠. 남편을 방관자로 넣은 것 역시 감독인 저거든요. 어쨌든 내가 나의 캐릭터를 만져야 하는데 잘 못했어요. 선호빈이 선호빈을 만드니까 대충 툭하고 잘라버리는 면이 있었어요.

다큐멘터리 영화에도 캐릭터라이징이 있다.
  선호빈 감독은 자신의 캐릭터라이징에 조금 실패했다고 한다.
  영화에서 호빈은 일관되게 우유부단하다. 편집으로 만들어진 모습도 있을 것이다.
  그렇지만 이때는 실제로 자신을 '고래 싸움에 등 터진 새우'로 인식했던 게 아닐까 하는 생각이 든다.

인지니어스 그래서인지 남편 캐릭터는 책과 영화에서 다른 사람이에요. 영화에서는 거의 모든 갈등에서 '남편 뭐야?' 싶은데, 책에선 전혀 달라요.

호빈은 영화 〈B급 며느리〉에 미처 담지 못한 이야기를 묶어 책 『B급 며느리』를 냈다.
  책은 진영과 호빈이 살아온 과정, 만남부터 가부장제와 가족주의에 대한 호빈의 시각을 보여준다.

김진영   와이프 입장에서 제일 얄미운 점이에요. 책을 보면, 이 사람이 통찰력이 없는 게 아니잖아요.

선호빈   근데 액션이 없는 거지.

김진영   본질을 파악하는 충분한 안목이 있어요. 다 알아요. 둘이 소주 한잔하면서 얘기하면, "엄마는 이게 문제야. 이렇게 해야 돼!" 하고서는 정작 상황이 되면 아무것도 못 하고 뒤에서 가만히 있어요.
     "아니 왜 그때 입 닫고 가만히 있었어?"이러면 엄마한테 어떻게 그러냐는 거죠. 너무 짜증이 나는 거예요. 아예 모르기라도 하면 다 알려주면 되는데, 이미 다 알아요. 알면서 이러죠.

선호빈   사실은 99퍼센트 진영이 말이 맞고, 저도 거의 같은 생각이에요. 저도 부모님들이 불만이고, 저분들 모순이 장난이 아니라는 거 알죠. 홍준표예요. 근데 우리 엄마잖아요. 아무리 화가 나도 약해지긴 하는 거야. 그게 딜레마였어요.

김진영   처신이 답답하고 정말 화나요. 책에서 아무리 날카로운 시선으로 고부관계의 모순을 고발했다 해도 현실에서는 진짜….

고양이 사수 사건은 호빈의 딜레마와 진영의 분노가 교차하는 전형적인 예다.

진영에겐 원래 고양이가 있었고, 시어머니는 고양이를 키우면 호빈과 결혼할 수 없다고 했다.

진영은 임신 중에 불려가 고양이를 버리라는 시어머니의 이야기를 두 시간 동안 듣는다.

호빈은 옆에 가만히 앉아 있었다. 그날 진영은 결혼을 하지 않겠다고 하고 돌아왔다.

이후 호빈은 진영과 함께 논문을 찾아본 후, 어머니에게 '고양이를 키울 테니 간섭하지 말라'고 한다.

인지니어스   그래도 책에 보면 고양이 얘기에서는 실제 액션이 있었잖아요.

선호빈   그것 말고도 액션은 있었어요. 씨알이 안 먹혀서 그렇지.

김진영   무슨 액션을 취했다고 썼어요?

인지니어스   고양이를 키울테니까, 음…. 간섭하지 말라고 얘기했다.

김진영   오빠가?

선호빈	했지! 야, 니가 모르는데 맨날 해. 내가 대전 가면 왜 싸우겠냐?

김진영	고양이는 온전히 제 싸움이었어요. 고양이가 아이한테 손톱만큼이라도 해를 끼치면 내 손으로 고양이 치우겠다고 약속을 하고 아이랑 같이 키운 거거든요.

선호빈	이건 되게 명백한 게, 우리 집이니까 우리가 결정하면 돼요. 나도 고양이를 좋아하는 건 아니지만, 고양이 키우기로 결정했으니 그렇게 알고 계시라고 했죠. 그래도 내려가서 이런저런 소리 많이 들었어요.

김진영	'넌 내 아들이다' 그거죠. "너 누구 아들이야?"

선호빈	제가 뭘 하면 안 좋아지는 게 많았어요. 너 벌써 편 드냐고.

아들은 땅을 보고, 아버지는 허공을 보고, 어머니는 눈물을 흘린다

인지니어스	어머니가 우는 장면이 가장 기억에 남아요. 그때 아들과 아버지가 같은 공간에 있는데 누구도 어머니를 쳐다보지 않잖아요.

김진영   그게 제가 꼽는 명장면 중에 하나예요. 책에 며느리와 어머니를 이등병과 병장, 아버지를 장교로 비유한 부분이 있었잖아요. 그걸 가장 잘 시각화한 장면이라고 생각했어요.

선호빈   저는 사실 이 장면에서 무력감을 표현하고 싶었던 거 같아요. 인간과 인간이 이렇게 소통이 안 된다는 것도 그렇고, 부모님들의 설득에 최소한의 돌파구도 없고. 태어나서 이렇게 답이 없는 건 처음 봤어요. 아버지의 표정에서 느껴지는 비겁함이랄까, 그런 것도 있고요.

인지니어스   외면하고 있는 모습이?

선호빈   그렇죠. 자기 때문에 그런 건데 사실은. 그런데 그런 태도는 저도 가지고 있기 때문에 저 역시 포함된 무력감을 보여주고 싶었어요. 가부장제를 굳이 까겠다는 생각도 없었어요. 그럴 필요조차 없이 이 찰나로도 이미 웃기잖아요.

김진영   저는 가부장제라는 틀 안에서 구성원 모두 나름의 피해자라 생각하거든요. 피해자인 동시에 거기서 누린 나름의 기득권을 가지고 서로 아웅다웅하는 거예요. 내가 누리는 안락함, 내가 이전 사람한테 바쳤던 존경과 복종을 나도 받았으면 하는 그런 보상심리를 가지고.

남편은 저와 시어머니라는 약한 고리에 집중했지만, 제 생각에 결국은 총대를 멘 사람만 짊어지고 나머지는 같은 곳에 앉아 있으면서도 고개를 돌려서 마치 나는 이렇게 세속적인 일과 상관없는 것처럼 행동하고 있다고 생각해요.

인지니어스   남편도 이 갈등의 당사자인데 그걸 내심 못 본 체했다는 거죠. 사진처럼.

어머니는 진영에게 며느리의 역할을 요구하면서 스스로 며느리의 역할을 충실하게 해낸다.
  영화는 이 모습을 지속적으로 보여줌으로써, 문제는 어머니가 아니라 가부장제라는 구조임을 드러낸다.

김진영   불쌍하다고만 해요. 엄마의 삶이 불쌍하고, 엄마는 아빠를 위해서만 살았고, 평생 일만 하고…. 이렇게 생각하면서도, 정작 자기 가정 안에서 제 삶이 자기가 연민하는 엄마와 닮아가고 있는데 그것에 대해서는 뭘 하려고 노력하지 않아요.
  심지어 엄마가 아직도 가사에 시달리는 게 불쌍하다고 하면서도 대전에 내려갔을 때 팔 걷어붙이고 엄마 내가 할게, 이런 식으로 나서지는 않더란 말이죠. 그러니까 그냥 불쌍해만 하는 거예요.

선호빈	가부장제가 참 한심하다, 한심해…. 하는 태도로 그냥 있었던 거 같아요. 제가 잘못한 거예요. 짠하다고 하면서 실제로 몸을 바꾸는 건 정말 오래 걸리는 거 같아요.
김진영	그 장면에서 울면서 자기 입장을 호소하는 엄마, 고개 돌린 시아버지, 그리고 고개 숙이고 앉아 있는 아들…. 이 모습이 이 가족의 모습을 너무나 잘 보여주고 있다고 생각해요.
선호빈	그 장면을 얘기하는 사람은 많지 않은데 되게 좋네요. 그걸 꼽아주시니까.

그 이후의 삶

인지니어스	영화를 만들고 나서는 어떻게 지내세요? 놀랍게도 원래 이게 인터뷰의 메인인데요. 영화를 만든 후에 가족들 관계는 어떻게 됐어요?
선호빈	어머니가 굉장히 민감해하셨어요. 영화 만드는 거나, 인터뷰 하는 거나. 방송이나 신문에 나오는 걸 어머니가 너무 싫어하시는 거예요. 당장 다 지우라고 하고, 영화도 당장 내리라고. 　전화하신 적도 있어요. "너 실업급여 받는 장면 빼라"

고. 어머니가 자기 친구들한테 호빈이 되게 잘 먹고 잘 산다고 거짓말을 했다는 거예요.

인지니어스   아, 이거는 생각도 못 한 포인트다.

선호빈   저는 그 말이 너무 인상적이었어요. 자기 자신보다 아들을 통한 성취로 내가 인정받고, 정작 내 안은 공허하달까?

인지니어스   진영 씨와의 관계는 어떻게 됐어요?

선호빈   인터뷰는 진영이가 하니까 당연히 얘 입장이 많이 나오잖아요. 그러다 보니 거짓말이 아닌데도 어머니 감정이 좀 날카로워졌었어요. 진영이 걔 왜 거짓말하냐고. 얘가 제일 싫어하는 단어를 던진 거예요. 그래서 사이가 한동안 또 안 좋아져서 제가 아버지랑 자주 통화하면서 어머니 상태를 체크했어요.

김진영   왜 지난 얘기를 꺼내서 이렇게 사람 민망하게 하냐 정도의 말이었으면, 저도 충분히 제가 더 조심하겠다고 할 수 있는데, 내가 거짓말을 한다니 너무 실망스러웠어요. 심지어 내가 이 영화 찍으라고 한 사람인데.

3년 동안 내가 시간을 헛보냈다는 생각이 들어 한동안 시부모님 안 보고 지냈어요. 지난 설날에도요. 시아버지

생신이라 5개월 정도 만에 시부모님을 뵈었는데 이 얘기가 나왔죠.

시어머니가 오빠한테 "너 내 아들 맞냐"고 하시더라고요. 그래서 저희는 두 분이 나쁘다고 얘기한 게 아니라 삶의 방식이 충돌하는 것에 대한 얘기라고 말씀드렸어요. 어머니께서 저한테 "고양이 키우지 말라고 한 번 얘기했다가 뒤통수 된통 맞았다" 이렇게 말씀을 하시는 거예요. 만감이 교차했어요.

인지니어스   왜요?

김진영   신혼여행에서 돌아왔을 때 시부모님이 "너는 이제 우리 딸이야" 이렇게 말씀하셨거든요. 실제로는 결혼생활 내내 저는 남이라는 걸 느꼈죠.

사실 늘 알고 있었어요. 저도 제발 그냥 남처럼 대해주길 바라면서 이 싸움을 한 거예요. 그런데 어머니가 저한테 '뒤통수를 쳤다'고 말씀하시는 순간, 이제 진짜 저를 남으로 대하신다는 걸 깨달았죠. 한편으론 서운하면서도, 내가 원했던 제자리라는 게 아마 이런 일들을 아무렇지도 않게 이겨내는 과정이겠구나 생각했어요.

인지니어스   제자리를 찾아가고 있다고 생각하는?

김진영   그런 느낌.

선호빈　　좀 솔직해진 거지. 그게 낫지.

김진영　　스스로도 의외라고 생각했어요. 어머님이 저를 밀어내는 듯 말씀하실 때 기분이 좀 미묘하더라구요. 제가 있는 그대로 인정받고, 가족까진 아니어도 하나의 구성원으로 자리잡을 수 있을 거라는 자신감 같은 게 있었던 거 같아요.
　　근데 이 집단의 구성원은 될 수가 없겠구나, 이걸 깨닫는 게 내심 서운하기도 하고 홀가분하기도 하고 복잡한 마음이었어요.

진영의 투쟁은 성공했을까

인지니어스　　영화 엔딩에 대해서 얘기를 해보고 싶어요.

영화 후반부에 시어머니와 며느리 진영 사이에도 조금씩 화해 무드가 싹튼다.
　　그리고 영화가 끝날 무렵 진영이 시부모의 집을 오랜만에 방문한다.

선호빈　　엔딩을 좀 비관적으로 마무리지으려고 했어요. 지금은 진영이가 시댁 정원을 지나 현관문을 닫고 유쾌하게 끝나잖아요. 영화의 전체 톤과 의미를 결정하는 건 그다음

씬이거든요.

원래 생각했던 건 우리 집 거실에서 해준이랑 부모님, 제 동생이 밥 먹고 있고 진영이 혼자 일하고 있어요. 그 뒤로 창문 밖에 눈이 막 내려요. 그 장면을 롱 테이크로 넣고 끝내려고 했어요.

막상 붙이니까 편집 기사님이랑 피디님이 너무 우울하고 짜증난다고 하더라고요. 그래서 열린 결말처럼 현관문 닫는 장면으로 끝낸 거예요.

인지니어스 와 우중충해…. 실제 결말은 어때요?

선호빈 당시에는 실패인 줄 알았는데 실패는 아닌 거 같아요. 부모님이 그 후로 많이 변했거든요. 가부장제를 완전히 쓸어버리는 결말은 아니었지만, 최소한 진영이 개인에 대해서는 두려워하는 게 있고 존중하는 게 있어요. 그건 대단한 거죠.

인지니어스 선을 좀 지키게 됐군요.

선호빈 예. 그걸 넘으면 진짜 고통스러우니까. 그리고 진영이도 생각을 다시 하게 됐다고….

김진영 저는 결혼으로 인해 책임질 범위가 넓어지는 거지, 개인의 정체성을 바꿀 필요는 없다고 생각했어요. 그렇게 생각하면 반대로 시부모님들도 본인들이 살아온 방식이 있잖아요. 어느 순간 이분들한테 제 삶을 존중하라고 말하면서 저는 이 사람들 삶을 존중하지 않았다는 생각이 들더라고요. 그러면서 제 목표를 수정했고, 그 목표는 완성했어요.

인지니어스 목표가 뭐예요?

김진영 처음에 가장 큰 문제는 시어머니가 "노"라는 대답을 절대 못 받아들이셨다는 거예요. 본인이 마음을 먹으면 어떻게 해서든 결과를 내야만 하는 분인데, 이걸 저희 결혼 후에도 계속하려고 하신 거죠. 지금은 저희 쪽에서 거부의사가 나오면 "그래 됐다" 이런 식으로라도 물러나세요. 이건 굉장히 중요한 거거든요.

두 번째로, 그분들도 저를 어려워했으면 했어요. 시부모님은 저에게 이전에 살던 방식으로 앞으로 못 산다는 걸 끊임없이 어필하시는 것 같았어요. 어떤 것도 그분들 성에 차지 않으면 잘못된 게 되는 거예요. 그래서 저를 좀 어려워해주셨으면 하는 게 목표가 되었고, 이젠 실제로 어려워하세요. 저는 이게 과정이라고 생각해요.

어쨌든 제 최종 목표는 제가 시부모님을 보살펴드려야 하는 순간이 왔을 때 제 마음에 앙금이 없는 것이에요.

선호빈 그런 분들이 많대요.

김진영	가족도 인간관계잖아요. 시어머니와 며느리 사이에도 인간관계의 평범한 룰이 들어가면 돼요. 낯설 땐 서먹하고, 점점 서로 알아가고, 조심하고, 가까워지고. 고부관계는 안 보면 그만인 관계가 아니기 때문에 기본 룰을 좀 따랐으면 좋겠다고 생각했고, 지금은 그렇게 되고 있다고 생각해요.
인지니어스	아직도 계속해가는 과정인 거네요?
김진영	그렇죠. 보통의 인간관계처럼 '업 앤 다운'이 있어요. 지금은 사실 다운이고요.
선호빈	근데 뭐 큰일은 안 일어나요. 옛날이면 난리날 텐데.
김진영	그 엔딩 장면에 어떤 분들은 굉장히 마음 아파하세요. 아 저 여자가 결국은 다시 시스템으로 들어가는구나, 이러시는데. 사실은 남편의 내레이션대로 아무도 강요 안 할 때 갔다는 게 중요한 거거든요.
인지니어스	약간 허무하긴 했어요. 아니 허무하다기보다는 아쉬웠고, '이대로 접은 걸까?' 하는 생각도 들고.
김진영	나름의 과정이 있었어요. 영화에 짧게 나오는데, 저희 할아버지 돌아가신 날이 있잖아요. 그 이후에 저희 부부가

제일 큰 위기를 맞았어요. 실제로 이혼을 생각했고, 남편이 집을 나가 있었어요.

아이가 없을 때 정리할 것들이 있어 남편을 잠깐 집으로 불렀고, 그날 제가 울면서 폭발한 날이었어요. 가족 내 갈등을 시어머니가 항상 감정적으로 대하셨기 때문에 저는 오히려 마음을 독하게 먹고 이성적으로만 대했는데, 그날은 울고불고하니까 마음이 너무 상쾌하고 편해졌어요. 갑자기 선호빈이랑 이혼 안 하고 살 수 있겠다는 용기가 생기고요.

인지니어스   갑자기요?

김진영   남편도 울면서 미쳤다고 그랬어요. 그 이후로 저희가 세 달 가까이 시댁과 아무 일 없이 지냈죠. 결혼 후 처음이었어요. 그때 오히려 자기 객관화가 됐어요.

내가 내 삶을 존중해달라고 하면서 도리어 나는 저 사람들이 살아온 방식을 계속 부정했다는 생각이 먼저 들었어요. 내 부모님한테도 할 수 없는 것들을 남편과 남편의 가족한테 강요하고 있었구나, 이런 생각을 하면서 시어머니가 주는 것들을 기꺼이 받기 시작했어요. 어머니가 보내는 호의적인 제스처라고 받아들이고 결국엔 집까지 간 거죠.

그렇게 진영은 2년 5개월 만에 시부모의 집을 찾았다.

이제는 말할 수 있다

인지니어스   호빈 씨에게도 변화가 있던가요?

김진영   남편은 예전에 부모님의 요구를 절대 이겨내지 못했어
요. 서로 사이가 얼마나 악화됐든, 시부모님은 무조건 2
주에 한 번은 손자를 보셔야 되는 거예요. 그럴 때마다
남편은 부모님이 오시는 걸 막지 못했고, 싸움이 커지는
것의 반복이었죠. 이제 남편이 하나는 깨닫게 된 것 같아
요. 사이가 이렇게 나빠질 땐 절대 부딪히면 안 된다는
거죠.
　그리고 시어머니가 거절을 못 받아들였듯 남편은 거절
을 못 했어요. 부모님한테 안 돼요, 이 소리를 절대 못 했
죠. 그런 면에서는 혁명적으로 발전했어요. "엄마 안 돼"
를 할 수 있게 됐으니까요.

선호빈   저는 사실 진영이 덕분에 부모님이랑 뜻하지 않게 커뮤
니케이션을 하게 됐어요. 싸우기도 엄청 싸우고. 고맙죠.

김진영   이건 제 공이라 생각해요. 남편 가족이 굉장히 많이 가까
워졌어요.

선호빈   이렇게 되기 전에 부모님은 내가 어떤 앤지 전혀 모르셨
더라고요. 진짜로. 이젠 내가 자기들 기준에서 얼마나 비

뚫어지고 엉망인지 드디어 깨달으신 거예요. 그게 제 솔직한 욕망이거든요. 어려서부터 저는 그런 얘길 안 했어요. 그럼 혼나니까.

그래도 이제 거절이든 대화든 하게 되는 것 같아요. 과정이 굉장히 고통스럽긴 했는데 이건 진보죠. 서로 진실을 알게 됐으니까.

비겁한 평화

인지니어스 영화에서 마지막쯤에 진영 씨가 고부갈등의 본질에 대해 얘기를 해요. 본질은 뭐예요?

김진영 본질은 너무너무 복잡해요. 저희 시부모님은 아들한테 느꼈던 서운함과 동시에 자식이기 때문에 표현하지 못하는 감정들을 며느리에게 돌려받기 원하는 보상심리를 가지고 계셨어요.

육체 노동보다는 감정 노동으로 무척이나 힘들었어요. 내가 마음이 닿지 않는데도 해야 한다고 강요받는 것들, 그리고 나에게 행동을 강요함으로써 내 마음을 확인하려고 하는 그 요구들? 그런 것들이 굉장히 절 힘들게 했고, 요구한 것들이 채워지지 않았을 때 친정에서 너를 어떻게 가르친 거냐, 하는 식의 지적을 받았죠. 반대로 제 친구 같은 경우는 무관심 땜에 힘들어해요. 시부모님이 손자를 보러 일 년에 한 번도 안 오신다고 너무 서운해하더라고요. 고부갈등이 떠오르는 양상은 가족마다 너무 달라요.

하지만 본질은 부모와 아들이 이미 가지고 있었던 관계, 그 관계의 부조리가 그대로 며느리한테 더 심화돼서 옮아온다는 거죠. 기본적으로 며느리는 감정적으로 조금 더 수고스러워야 하는 존재라는 생각이 있으시더라고요.

영화에서 제가 우리 시부모님들 그렇게 나쁜 사람들 아니고 아들도 착하게 잘 키웠다고 말하는 장면이 나와요. 그 말을 콕 집어서 너희 시부모님 못된 사람 아니라고, '너 정도면' 되게 편하게 사는 거라고 말하는 사람도 많아요. 물어보고 싶어요. 그럼 며느리는 어느 정도 감정적 수고는 그냥 감수하면서 사는 사람이야?

우리가 살면서 결혼과 같은 어떤 선택을 할 때, 우리는 스스로의 선택을 통해서 인생이 조금 더 개선될 걸 기대하잖아요. 누가 감정적으로 힘들 게 뻔한 일을 굳이 선택하겠어요. 저한테 결혼은 인생을 건, 말 그대로 빅딜이었거든요. 저는 제 인생이 행복해지고 개선될 걸 기대하면서 결혼을 선택한 거예요. 그런데 그 선택으로 인해서 내가 나를 죽이고, 감정적으로 힘든 것을 감내하면서 살아가고, 그게 당연한 삶을 살게 된다면 여성이 왜 결혼을 하겠어요. 저는 며느리에게 기대되는 감정의 디폴트값은 옳지 않다고 봐요.

선호빈 감독은 어머니와 아내 진영의 갈등으로 가족의 평화가 산산조각 난 후에야 자신이 지키려던 평화가 며느리가 짊어진 감정의 디폴트값으로 지탱되고 있다는 것을 깨달았다.

"그러다 문득 의문이 들었다. 내가 지키려는 평화는 어떤 것인가?

그것은 누군가를 짓밟고 그 사실을 모른 체하며 기만적으로 이루어낸 것은 아닐까?

그것은 혹시 비겁한 평화가 아닐까?"

선호빈   이때까지 어떻게 이렇게 지냈을까요? 아내 말을 들으니 저도 이제서야 궁금해지더라고요.

김진영   내 말이. 어떻게 이렇게 살 수가 있어?

선호빈   진보, 보수 이딴 거 다 떠나서 몇 년 전에는 사랑과 전쟁 같은 프레임 말고는 이런 얘기가 거의 없었거든요. 그게 어떻게 가능했을까?

김진영   이 문제를 대하는 태도가 본질을 호도하고 있다고 봐요. 고부갈등을 겪고 있는 여성들조차도 제 이야기를 보고 "나는 더한 시집살이를 하는데도 시댁 간다"거나, "좀 더 부드럽게 대처할 수 있지 않았을까?" "우리 시어머니는 저렇게까지 안 심해서 다행이다"라는 식의 리뷰를 했더라고요. 쓰라린 경험이었어요.

| 선호빈 | '우리는 아니라서 다행이다.' 이 태도는 문제가 있어요. 다른 회사는 아닌데 우리 회사 사장은 주휴수당 챙겨줘서 다행이다? 그건 그냥 운이에요. 운이 아니라 당연한 게 되어야 하잖아요. 운에 기댈 수밖에 없는 게 야만적인 사회인 거죠. 그런데 이게 극단적으로 적용되는 영역이에요. 가족의 영역은. |

| 김진영 | 시어머니 때문에 결혼생활의 질이 좌우되는 거 자체가 얼마나 문제가 많은 시스템인가요. 그런데도 내가 겪지 않는 고부갈등은 다 사랑과 전쟁 영역으로 몰아넣는 거죠. 저 여자들은 조용히 넘어갈 수 있는 걸 왜 저렇게 시끄럽게 살까, 생각하면서. |

| 인지니어스 | 그런 반응을 봤을 때 영화에 가족의 모든 것을 노출한 게 부끄럽다거나 하진 않았어요? |

| 김진영 | 결혼을 하고 들여다본 시댁은 분명히 이미 문제가 있는 집이었어요. 지금 보시면 알겠지만 남편은 감정 표현도 풍부하고 굉장히 수다스럽잖아요. 선호빈은 그런 사람이에요. 늘 감정에 대해 이야기하는. |

| 선호빈 | 원래 내 직업이 감정에 대해서 세밀히 분류하는 직업이니까. |

김진영   그런데 부모님들 앞에 있으면 꿀 먹은 벙어리예요. 아버지랑 얘기하면 사적인 얘기는 아무것도 오가지 않고 새로 난 도로 얘기만 해요. 시아버지 역시 저에 대한 불만이 있으셨어요. 오히려 시어머니보다 훨씬 저를 심각하다고 생각하시고.

선호빈   오히려 아버지가 신념이 투철하시거든요.

김진영   그걸 저한테 한 번 표현하신 적이 있는데 어머니보다 훨씬 감정적이셨어요. 친정에서 그렇게 가르쳤냐는 말까지 저한테 하셨는데, 저는 그때 그동안 왜 말을 안하셨을까, 생각했어요.

     문제가 있으면 꺼내놓고 고치는 게 당연한데. 그동안 서로 묻고 모른 척하고 서먹하게 있는 게 화목한 가족이라고 꾸려나가고 있었던 건가, 이 사람들은? 저는 남자들이 만들어놓은 그 구조가 굉장히 우습더라구요.

     그래서 저는 고부갈등을 여자들의 편협함 때문에 벌어지는 '캣파이트'라고 생각하는 사람들한테 꼭 지적하고 싶어요. 고부갈등이야말로 불만을 얘기함으로써 문제를 고치려는 용기가 있기 때문에 일어나는 것이라고요. 실제로 저희 가족과 시부모님 사이에 변화가 시작된 계기는 저랑 어머니가 문제를 표면화시켰던 순간이었기 때문이에요. 그래서 고부갈등을 그런 식으로 폄하하지 않았으면 해요. 여자들의 이런 의사표현이 한국의 가족문화를 계속 바꿀 거라고 생각해요.

　단순히 여성들이 노동을 얼마나 하느냐를 떠나서 오랫동안 내려온 이런 가족구조 안에서는 여성이 자존감을 지키며 구성원으로 존재하는 것 자체가 굉장히 힘들어요. 구조가 주는 자괴감이 있거든요. 어머니 세대의 여성분들 히스테릭한 면이 있으시잖아요, 피해의식도 있고. 저는 한편 어쩔 수 없었다고 생각해요. 그런 구조 안에서 몇 십 년 동안 살아왔다면 저런 것들은 그냥 얻게 되는 것인가 보다, 하는 생각이 들더라구요.

선호빈　둘이 소주 한잔하면서 많이 했던 얘기예요. 엄마들은 왜 다 그럴까? 그러면서.

시아버지 시어머니가 된다면

인지니어스　이상적인 가족상이 있어요?

김진영　제가 가정을 꾸리면서 가졌던 확고한 기준은 가족이 서로 희생하는 존재가 되어서는 안 된다는 거였어요.

　제가 친정부모님과 사이가 많이 틀어진 결정적인 이유가 희생이거든요. 부모님은 아주 전형적으로 희생적인 분들이에요. 제가 저희 집에서 공부를 제일 잘했기 때문에 저를 공부시키는 데 모두 매달렸어요.

내가 이걸 놓으면 이제 이 사람들은 무엇을 위해서 살지, 너무 걱정이 됐기 때문에 하기 싫은 공부를 놓지 못했어요. 역시나 제가 공부를 그만두겠다고 한 순간 엄마, 아빠의 이혼 얘기가 오갔어요. 이제 우리는 살 이유가 없다고.

그 순간이 무서워서 그분들의 희생이 제 발목을 잡고, 제가 그분들 발목을 잡고 그렇게 엎치락뒤치락 살았죠. 서로의 인생을 옭아매고 서로에게 봉사하는 존재로만 존재하게 되는 거? 가장 비극적인 가족의 모습인 거 같아요.

선호빈   진영이가 사법고시 관뒀을 때 부모님의 저항이 엄청나게 왔어요.

김진영   자기만의 인생을 꾸린 게 없으니까 자식이 성공해야만 인정받게 된 거예요. 제가 사법고시 1차 합격했을 때 아빠 사업이 이미 기울고 있었거든요. 그랬더니 아빠가 저한테 훨씬 집착하게 됐어요. 그땐 아빠 인생에서 단 하나라도 완성할 수 있는 게 제 공부였던 거죠.

진영은 부모님의 뜻에 따라 명문 대학에 진학했고, 역시나 부모님의 뜻에 따라 고시 공부를 했다.

그리고 처음으로 응시한 사법고시 1차에 붙어버렸다. 부모의 자랑거리였지만, 숨이 막혔다.

사실 의대에 가고 싶었다고 한다.

마침내 고시 공부를 그만두자 부모님의 지원은 끊겼다.

진영은 스스로 돈을 모아 의대에 진학하려고 했다. 그때 아이
가 생겼다.

김진영 저희는 고정 소득원이 없는 상태에서 결혼을 했고, 아기
가 다섯 살 될 때까지 정말 어렵게 살았어요. 그렇지만
남편한테 무조건 돈 벌어 오라는 얘기를 하지 않았어요.
결혼했기 때문에, 자식을 낳았기 때문에 내가 꿈꿨던 미
래를 포기하고 원하지 않는 삶을 살아야 한다는 건 저도
강요받고 싶지 않고, 남편한테도 하고 싶지 않았던 말이
거든요.

두 번째 목표는 자식을 키우면서 가지게 됐는데, 나중
에 아이가 제 도움 없이 자립하는 존재가 되게 만들어주
는 것이에요. 어느 순간 완전히 내 영역 밖으로 나가게
되는 걸 항상 염두에 두면서 키워요.

그 순간이 되면 공허하고 슬플 수 있겠지만, 부모가 그
에 대해 준비되어 있지 않으면 가장 상처받는 건 자식인
것 같아요. 자기 인생을 살지도, 그렇다고 부모를 위해서
살지도 못하고, 그냥 부유하는 인생이 돼버리는 거 같더
라구요.

선호빈 그렇군. 되게 말을 잘하네요.

인지니어스   나중에 어떤 시어머니나 시아버지가 되고 싶으세요?

선호빈   그런 상은 없어요. 대신 해준이와 저의 관계가 저와 아버지 관계처럼 안 됐으면 좋겠다는 목표가 있어요. 저한텐 되게 큰 목표인데, 잘될까 모르겠네요. 제가 꼰대가 되더라도 뭐랄까….

인지니어스   열린 꼰대?

선호빈   말하자면 감정을 교류할 수 있는 사회인이었으면… 생각해보니 진영이가 정확히 봤네요. 그런 게 없거든, 아버지랑 내가.

인지니어스   근데 그런 교류가 왜 없어요? 저는 그게 좀 신기해요.

김진영   시아버지 세대 남자들은 감정 표현하는 거 자체를 수치스러워하죠.

선호빈   맞아요. 감정 표현이란 남자로서 하면 안 되는 것처럼 느끼는 것 같아요. 하다못해 옷 색깔이 맘에 안 든다고 해도 남자 새끼가 뭘 그런 걸 신경 쓰냐고 하시고. 저도 제 감정에 관해 어려서부터 솔직하게 얘기하면 굉장히 변태 취급을 받았어요.

인지니어스   그런 시대였으니깐요.

선호빈   그랬던 거 같아요. 저는 그 감정적 결핍을 영화 쪽에서 찾았고, 그래서 아직도 영화 찍는 거 같아요. 아버지의 관점에서 영화는 되게 허상이라서.

인지니어스   진영 씨는 어떤 시어머니가 되고 싶으세요?

김진영   '어떤' 시어머니가 되고 싶지 않아요. 저는 그냥 해준이의 엄마죠. 앞으로 제가 그럴 생각도 없지만, 해준이가 커서 제가 찍어주는 여자를 만나서 결혼하진 않을 거 아니에요. 해준이가 결혼하겠다는 아이가 제 마음에 안 들수도, 아니면 완벽할 수도 있어요. 하지만 그건 아무 상관이 없죠.

    아이들의 사랑이 어떻게 지속되고 어떤 식으로 발전할지는 제 손을 떠난 일이기 때문에 해준이가 선택한 여성에게 제가 어떤 존재가 되어주겠다는 각오는 없어요. 저는 해준이의 엄마니까 해준이를 사랑으로 키워주고 싶고요. 해준이가 자존감을 가지고 건강한 사랑을 할 수 있는 아이로 자란다면 행복할 것 같아요. 그 이상은 없어요.

거대 악이 있다. 그것도 아니면 손쓸 수 없이 해묵은 부조리가 있다. 대부분 눈감고 넘어간다. 손 흔들고 일어나봐야 바뀔 가능성은 적다. 그래도, 가끔은 일어나 외치는 사람이 있다.

기획 인터뷰 '그 이후의 삶'에 등장하는 사람은 모두 같은 일을 했다. 계란으로 바위 치기. 계란으로 바위를 치기 위해 걸어야 할 것은 많다. 이들 호빈, 김진영 부부는 가족을 걸었다.

다른 공익제보자들처럼, 이 부부는 가족주의에 겨우 작은 균열을 하나 냈다. 눈에 잘 보이지도 않는 실금 하나다. 이것으로 부조리가 눈 녹듯 사라지진 않는다. 그러나 균열이 생겨야 부숴질 가능성도 생기는 법이다.

바위를 내려치는 계란의 가치는 여기에 있다. 그래서 영화 〈B급 며느리〉는 소중한 기록이다. 이 행위가 역할을 수행하는 장기판의 말이 아니라 나와 내 가족을 위한 것이라서.

캠퍼스에서 만난 진영과 호빈은 결혼한다. 호빈은 가부장적 가정에서 자란 순종적인 아들, 진영은 개인주의적 가정에서 자란 당당한 딸이었다. 그렇기에 진영과 시어머니의 고부갈등은 예견된 것이었다.

진영과 호빈에게 아들이 생긴 뒤 진영과 시어머니의 갈등은 깊어지고, 진영은 호빈에게 고부갈등을 영상으로 남겨둘 것을 요구한다. 채증을 위해 찍은 영상은 훗날 영화 〈B급 며느리〉가 된다.

영화는 진영과 시어머니의 갈등, 그리고 그것을 회피하는 가족 구성원들을 통해 가부장제를 고발한다. 내 가족의 치부가 아니라 개인에게 역할만을 강요하는 사회구조의 치부를 보여준다.

영화 〈B급 며느리〉은 이제 극장에서 내려갔지만, 영화가 사회에 던진 질문은 여전히 유효하다. 해서 명절 전후로 진영과 호빈을 찾는 매체가 많다. 진영과 호빈의 이야기가 이들만의 것이 아니기 때문에.

호빈은 영화에서 다하지 못한 이야기를 책 『B급 며느리』로 펴냈고, 진영은 최근 『슬기로운 B급 며느리 생활』을 출간했다.

그리고 호빈의 부모이자 진영의 시부모는 진영의 거절을 받아들이고 존중하게 되었다.

연구원의 횡령을
고발하다

◈ 이재일 편

"여러모로 안타까운 상황이지만 지난 일로 계속 눈물을 흘릴 수는 없잖아요. 시간이
지나도 상황이 변하지 않으면 이 상황에 대해선 인지를 해야 하는데 보통은 인지하기
가 힘들죠. 화나고 억울하니까."

"이번 달에 나 50만 원 필요해. 만들어놔."

상사가 부하직원에게 말한다. '네 이름으로 거짓 출장비를 청구하라'는 뜻이다. 상사와 자신의 이름을 올려, 가지도 않은 출장비를 청구하면 통장에 적게는 몇 십만 원이 들어온다. 통장은 부하직원의 것일지 몰라도 돈은 아니다. 찍힌 숫자만큼 현찰로 가져다줘야 하기 때문이다.

이 상사만 그랬던 건 아니다. '상사'라고 불리는 이들은 일상적으로 하는 일이었다. 아마 신입사원 시절에 똑같이 자신의 상사에게 돈을 만들어 가져다주었을 것이다.

나랏돈으로 운영되는 국책연구기관인 한국건설기술연구원(건기원)에서 벌어진 일이었다. 세금이 개인의 주머니로 들어가는 부정을 더 이상 지켜볼 수가 없던 한 부하직원은 감사실에 이를 제보한다. '자정'할 수 있지 않을까 하는 순진한 믿음이었다. 하지만 돌아온 건 따돌림과 괴롭힘이었다.

"일주일 후에 전 직원들에게 (감사실로부터) 공문이 떠요. 'ㅇㅇ과 이재일이라는 사람이 이러이러한 문제제기를 해서 전체 특별감사를 진행할 예정이다.'"

너무도 당연한, 모두가 하는 부정을 왜 문제삼냐는 게 이유였다.

꿈의 직장에서 일어난 일

쳉타쿠   2년차에 있었던 일이죠?

이재일   네, 사실 한국건설기술연구원은 건축공학 연구를 한 사
람들에겐 꿈의 직장이에요. 기회가 돼서 다니게 됐던 건
데 그런 일이 있었던 거죠.

2004년 입사, 제보는 2006년. 부정, 그러니까 횡령은 약 2년의
직장생활 동안 쉽게 볼 수 있는 일이었다. 돈을 현찰이 아닌 계좌
로 송금받는, 다시 말해 기록 남기는 걸 꺼리지 않을 정도로 타성
에 젖어 있었으니까.

쳉타쿠   정확히 어떤 방식으로 횡령하는 건가요?

이재일   제가 저하고 팀장님이 같이 출장을 간다고 내부결재 시
스템에 올리면, 두 사람 몫으로 출장비가 나와요. 두 명
에 기본 50만 원이니까 한 번에 적게는 50만 원, 많게는
100만 원도 넘게 들어와요. 인원을 많이 넣을수록 불어
나니까요.
　그러고는 출장을 가지 않죠. 돈은 기안을 올린 제 통장
으로 들어오는데 그걸 인출해서 드려야 해요. 제 이름을
팔아서 돈을 드리는 거죠.
　처음에는 "이거를 왜 해야 돼요?"라고 여쭤봤더니, 뭐

가 필요하다, 회식비가 없다, 국토부에 상납해야 하는데 돈이 없다, 그러니 이렇게라도 처리해야 한다 등 여러 가지 이유를 댔어요. 문제는, 없는 이유도 만든다는 거죠.

쳉타쿠 나쁘게 생각하면 이만큼 쉽게 현금 뺄 곳이 없네요. 근데 본인 이름이 올라간 건데 서류상으로는 발을 들인 거 아닌가요?

이재일 그렇죠. 아무리 '인 마이 포켓'을 안 했다고 해도, 결재가 제 이름으로 올라갔으니 모르는 일이기는 해요. 현찰로 왔다갔다한 것에 대해서는 증거가 없잖아요. 어떤 기자 분이 그러셨어요. 그쪽에서 밥 사 먹으라고 몇 만 원이라도 주지 않았냐고. 주셨어도 안 받았겠지만, 주시지도 않았어요. 명확하게 '이번 달에 얼마 필요하다'고 말했는데 거기서 저한테 돈을 주시겠어요?

쳉타쿠 듣고 보니 그렇네요. 문제가 있었던 건 출장비뿐인가요?

이재일 법인카드도 막 긁었죠. 그리고 그때 유행했던 PDA가 갖고 싶으셨는지 가짜로 실험목록을 만들어 사기도 했어요. 그분들 연봉도 많으신데 연봉에 비해 푼돈을 쓰기 싫어서. 국가에서 보조금 받고 세금으로 연구하다 보니까 세금이기 전에 '서류를 잘 써내면 무마되는' 눈먼 돈이 된 거죠.

쳉타쿠 세금이라는 인식이 없었다는 거죠?

이재일 네, 전 조직이 다 하고 있었으니까요. 제가 2년 다녔는데, 그동안 있었던 일에 대해서 신고를 했을 때 확인된 금액만 4억8000만 원이 좀 넘었어요.

쳉타쿠 그동안에만 4억8000만 원을 횡령했고, 그 전에는 또 모르고, 이후에도 얼마를 했는지 모르는 것이고.

이재일 모르죠.

하나 다행인 게 있다면 지금은 같은 방법으로 횡령할 수 없다. 이재일 연구원의 제보로 공무원여비규정이 변경되었기 때문이다.

쳉타쿠 제보 과정에 대해 여쭐게요. 처음에 건기원의 감사실에 제보하셨죠?

이재일 항상 가지 않은 출장에 대해 내 이름으로 돈을 받은 것에 대해 소명해야겠다는 생각을 갖고 있었어요. 제가 올렸던 결재서류를 출력해서 가지고 있었죠.

쳉타쿠 증거가 되겠네요. 그 서류를 들고 감사실에 가셨나요?

이재일 감사실에 갈 땐 서류를 들고 가지 않았어요. 꿈의 직장이었던 곳을 무너뜨리고 싶지 않았으니까 내부에서 자정작용을 했으면 좋겠다고 생각했거든요. 감사실에다가 이런 문제가 있으니 노력을 좀 해달라고 말을 했어요. 거기선 그런 일이 있으면 안 되겠다고 말은 했지만 속으론 아니었던 거예요. 제가 언급한 분들한테 미리 전화를 돌렸어요. "이재일이 그렇게 얘길 하더라" "이런 말 안 나오게 미리 잘 하지 그랬냐"라는 얘기였겠죠.

순진한 믿음의 결과는 가감 없는 신분 노출이었다.

이재일 일주일 후에 전 직원들한테 공문이 떠요. "○○과 이재일이라는 사람이 이런 문제제기를 해서 전체 감사를 진행할 예정이다." 감사 대상은 뭐고, 누구의 PC까지 검사할 거라는 걸 다 정해줘요. 감사 날짜도 그로부터 일주일 뒤로 딱 정해놔요.

쳉타쿠 감사를 하긴 할 거니까 그때까지 치울 거 치우라는 거겠네요.

이재일 그렇죠. 그리고 전 어퍼컷, 라이트, 레프트 다 맞기 시작하는 거죠.

따돌림과 괴롭힘

챙타쿠　　따돌림과 괴롭힘은 필연적이었겠네요.

이재일　　따돌림이란 게 업무적 따돌림 정도여야 되는데, 제가 음란한 사람인 것처럼 음해했어요. 당시 저는 스물대여섯이었고, 저희 팀장님이 남자고 싱글이셨어요. 결혼에 대한 생각이 없으셨던 분인데, 제가 팀장님의 첩이라는 소문까지 있었어요.

　　밥이라도 같이 먹는 사람이 있다손 치면 그 사람하고 불륜이라는 소문이 돌고. 여러 가지의 성적인 루머가 발전에 발전을 하는 거죠. 더 재미있는 건 제가 문란한 사람이라고 소문을 내면서, 자기들도 일부러 제 앞에서 컴퓨터로 그런(야한) 영상을 보는 거예요. 제가 위축되고 억눌러지길 바랐겠죠.

챙타쿠　　성희롱 아닌가요?

이재일　　네, 성희롱이라고 제기를 했는데, 거론한 분 중에 한 분이 사실 회사가 내보내고 싶었던 사람이었던 거죠. 제 문제제기를 기반으로 그분을 파면시켰어요.

챙타쿠　　역이용해서?

| 이재일 | 네. 거꾸로 이용한 거죠. 하지만 제가 당한 부당함에 대해서는 전혀 언급하지 않고, 보호해주지 않았죠. |

쨍타쿠　상해위협도 받았다고 들었는데요.

이재일　상해위협이라는 게, 제가 어딜 가면 쳐다보고 있어요. 복도를 지나갈 땐 다른 사람 책상을 지나야잖아요. 지나가다 보다 하고 마는 게 아니라 끝까지 얘가 어디 가나 감시하는 거죠. 뭐 하고 있는지는 계속 주시하고 있고.

　저는 서울에 살았고 회사는 일산이라 차로 출퇴근을 했었는데, 어느 날 퇴근하는데 차로 누가 따라오는 거예요. 내부순환로를 올라가려고 하는데 옆 차가 창문을 열더니 손가락으로 저를 가리켜요.

쨍타쿠　도로에서요?

이재일　네. 저는 차에 탄 사람이 누군지 알고, 그분도 저를 알잖아요. '내가 너를 지켜보고 있다'는 것 같았어요. 그러곤 문자가 와요. '내가 네 차 번호도 알아. 너 조심해' '퇴근할 때 깜깜한 길을 조심해'. 자기가 나에게 무언가를 할 수 있다는 걸 강조하려는 듯이.

꼭 물리적 폭력만이 폭력은 아니다. 사람을 정신적으로 옥죄는 게 얼마나 무서운 폭력인지는 실감하지 않으면 알기가 어렵다.

챙타쿠 경찰에 신고해도 될 것 같은데요.

이재일 경찰에도 얘길 해봤는데 물리적 가해를 하지 않은 이상 방법이 없다고.

챙타쿠 면전에서 해코지를 들은 적도 있죠?

이재일 하나는 "너, 학교에서 뭐 배웠어? 아니, 석·박사까지 나왔으면 연구비 삥땅치는 거 정도는 기본으로 알아야지. 원래 연구는 문서로 시작해서 문서로 끝나는 거야"였어요. 연구보다 잘해야 하는 일은 문서라는 거죠. 근데 그분들, 석·박사 다 외국에서 하신 분들이에요. 삥땅치는 건 한국에 와서 배웠을 거란 말이죠.
　제가 건축공학 박사과정 수료예요. 박사학위를 딸 수 없었던 게 그분들이 저희 교수님한테 전화를 했기 때문이에요. "당신이 가르쳐서 내보낸 애 하나 때문에 전반적으로 업계가 어수선하다." 그 뒤로 교수님이 만나주지 않으셨어요.

챙타쿠 얼굴을 볼 수가 없으니까 박사 논문을 진행할 수가 없었겠네요.

이재일 네, 문제는 다른 학교에서라도 학위를 받아야 하는데 저를 받아주지를 않겠죠? 동네가 좁아서 다 아니까.

챙타쿠   업무 외적인 게 이 정도라면 업무적 따돌림은 늘 있었을 것 같은데요.

이재일   연구직은 각자만의 공간이 있어요. 책상에 파티션이 나뉘어 있는데 파티션과 파티션 사이에 저를 가둬놓고 막아버리는 거죠. 평상시에도 그림자처럼 지나가버리고 일도 주지 않았어요. 보직변경신청을 할 수밖에 없었는데, 연구직이라는 게 전공이 딱 정해져 있으니까 부서를 옮기면 할 수 있는 일이 별로 없어요. 그런데 심지어 저를 환경기술과로 보냈어요.

챙타쿠   원래 건축인데 환경 쪽으로.

이재일   제가 하는 게 건축에서도 '건축관리'거든요. 굉장히 범위가 좁은 분야예요. 범위를 벗어난 데다 같은 건축도 아니고 환경으로 보내버리니까 할 수 있는 일이 없는 거예요. 그리고 누가 와서 "쟤가 걔라며?"라고 하면 그 과에서 저를 보겠어요? 일을 시키려고 해도 그 사람들은 제가 꼬투리 잡지 않을까 생각하겠죠. 전화 받고 복사밖에 할 수 있는 게 없었어요.

일을 주지 않고 없는 사람 취급하다 보면, 결론은 하나밖에 없다. 퇴직 혹은 해고.

제2막의 시작, 재신고

쳉타쿠   건기원을 자의든 타의든 그만뒀는데, 국책연구원이면 공무원 아닌가요?

이재일   공무원은 아니고 준공무원 신분이에요. 국가직이니까 공무원에 준해서 모든 것을 적용을 받지만 공무원 신분은 아니죠. 연구직은 다 비정규직이에요. 계속 연봉협상을 하면서 재계약을 해요. '정규직'이라고 뽑아도 'n년 계약을 하되 연봉협상은 해마다 한다'하는 식이에요. 저 같은 경우는 1년마다 재계약을 했었는데, 연장이 되겠어요?

쳉타쿠   정확히 말하면 그만둔 게 아니라 '재연장이 안 된' 상황인 거네요.

이재일   안 되는 거죠. 제가 연장이 안 되면서 동기들도 다 안 됐어요. 저로 인해서 제 동기들의 이미지도 다 만들어진 거죠. 윗분들은 '쟤도 똑같이 머릿속에 주입이 됐다'고 생각하기 때문에 데리고 있기 싫죠.

쳉타쿠   칠 건 빨리 친다?

이재일   네. 조직뿐만 아니라 같은 업계에 있는 사람들한테 블랙

리스트에 올라가는 것만큼은 안 하고 싶었는데 문제는 그렇게가 안 된다는 거예요.

쳉타쿠 복직소송은 안 했나요?

이재일 계약연장 해달라고 하긴 했는데, 건기원에서 제가 돈을 요구해서 밀고 들어가는 거고, 제가 탱크로 밀고 들어오는데 자기들은 권총조차도 없다고 얘기를 했었어요. 변호사를 여섯, 일곱 명 쓰면서.

쳉타쿠 권총도 없다며 변호사를 그렇게 많이 쓰네요.

이재일 결론적으로 제가 1심에서 졌죠. 항소를 할지 말지 고민을 하던 차에 어떤 신문하고 인터뷰를 했었어요. 기자분이 기사가 나가면 힘을 받을 테니까 제게 항소를 해보라고 하시는데, 해서 뭐하나 싶은 거예요. 신분이 다 노출이 된 상태에서 돌아가면 뭐하나. 그래서 항소를 안 했어요.

쳉타쿠 조금 아쉽네요. 언론 인터뷰를 적극적으로 이용하면 될 수도 있었을 텐데.

이재일 그 시절엔 기자분들이 개인보다는 조직을 더 신뢰해서서요. 어떤 기자분하고 만나기 전에 전화로 사전 인터뷰를 했었어요. 그런데 만날 약속 전에 전화해서는 왜 거짓 말했냐며 "당신 조직은 그렇게 얘기 안 한다"고 따지는 거예요. 제가 그랬죠. 만일 저를 못 믿으시겠으면 오시지 말라. 나중에 조사 다 끝나면 오시라고.

챙타쿠   안 왔죠?

이제일   그렇죠.

챙타쿠   조사 얘기가 나와서 말인데, 본론으로 돌아가볼게요. 감 사실 사건이 있고 나서 재신고를 했다고 들었는데요.

이제일   누가 시민단체의 도움을 받아보는 게 어떻겠냐고 하는 거예요. 시민단체 '공익제보자와함께하는모임'과 '함께 하는시민행동'에 찾아갔죠. 법률적인 상담도 받고, 그때 단체에서 '밑빠진독상'이라는 걸 했거든요. 이 상이 사 건을 언론에 좀 오픈시켜줬죠.

'밑빠진독상'은 좋은예산센터에서 2000년부터 '선심성 예산배 정과 어처구니 없는 예산낭비사례를 선정하여 주는 상'이다. 여 기서 '밑빠진'은 '밑 빠진 독에 물을 붓듯이 혈세가 낭비되고 있 는 것을 상징'한다고. 이제일 연구원의 사례는 2006년 33회 밑 빠진독상을 받았다.

챙타쿠 시민단체의 도움을 받았을 때는 건기원에 적이 있을 때인가요?

이재일 네, 도움받는 중간에 적이 없어졌고요.

챙타쿠 시민단체의 도움을 받으면서 뭔가 잡혀갔던 거 같네요.

이재일 공익제보자와함께하는모임이 제가 국가청렴위원회(현 국민권익위원회)에다가 신고할 수 있게 도와줬어요.

챙타쿠 다음엔 어떻게 됐나요?

이재일 권익위에 조사받으러 다녔어요. 그때는 권익위에 정직원이 없고, 감사원, 검찰 등 여기저기 부서의 전문가들이 파견을 왔었어요. 제 사건은 감사원에서 오신 분이 조사해주셨죠. 법이 없었음에도 그나마 진행이 됐던 거 같아요.

챙타쿠 여기서 법은 어떤 법인가요?

이재일 '공익신고자 보호법'이요. 그때는 법이 없었는데도 제보자를 보호하려고 노력했고 실상을 밝혀내서 어떻게든 벌을 주려고 했었어요. 지금 법 테두리 안에서도 그 역할이 잘 안 되지만요.

쳉타쿠 조사가 하루아침에 끝나는 건 아닐 텐데, 생활은 어떻게 하셨나요. 수입이 없었을 거 아니에요.

이재일 조금 쉬다가 A기업에 들어갔어요. 문제가 생겨서 오래 못 있었지만. A기업에 다니면서도 조사를 계속 받았잖아요. 권익위에서 저로 인해 공무원여비규정이 바뀌었으니까 보상금을 주겠다고 연락이 왔어요. 4억8000만 원이 다 환수된 건 아니고 4000만 원 정도가 환수됐는데 그 몇 퍼센트를 준다는 거예요. 그러려면 보상금 심의위원회가 열려야 하는데 신청하겠느냐고 물어서 신청했어요. 안 받아도 그만이지만 좋은 거라고 하니 당연히 신청했어요.

쳉타쿠 신청해야죠. 당연히 해야죠.

이재일 심의 끝에 제가 포상하고 훈장을 받게 된 거예요. 문제는 상을 받으러 간 장소에 A기업의 이사님이 있었던 거죠. 그해에 A기업도 기업부문 상을 받았거든요. 이사님과 딱 눈이 마주쳤어요. 신분이 딱 드러난 거죠.

쳉타쿠 A기업에선 '기업을 말아먹을 친구'라고 생각했겠네요.

이재일 그럴 수도 있다는 거죠. 그리고 나서 더 못 다녔어요. 요즘 말로 빼박?

쳉타쿠   예, '빼박'. 그러고 나서는요?

이제일   그만두고 유학을 갔죠. 아예 한국에 들어오지 않으려고 작정하고 갔어요. 딱 서른에 떠났는데, 저희 어머니가 유학 간 데까지 오셔서 어쩔 수 없이 돌아왔죠. 서른넷, 다섯에 왔나 봐요.

쳉타쿠   신기한 전개네요. 보통 공익제보자들은 제보 후에 직장을 잃고 힘들어하거나 생활고를 겪는데, 재취업하고 유학까지 가는 게.

이제일   쉽지는 않았어요. 유학도 전공을 바꾸려고 간 거였어요. 업계가 좁으니까 이제 그쪽에선 아예 일을 할 수가 없잖아요. 고학력이기 때문에 다른 데 지원을 할 수도 없어요. 받아주지 않아요. 그래서 사회복지 공부를 했어요. 유학 가기 전에 일 년 동안 사회복지사 공부하고, 복지사로 일하다가 유학을 간 거죠. 유학 가선 MBA(경영)를 했어요. 경영은 어디에나 다 쓸 수 있으니까.

  사실 스텝업을 하려고, 그 단계를 벗어나려고 노력을 많이 했어요. 여러모로 안타까운 상황이지만 지난 일로 계속 눈물을 흘릴 수는 없잖아요. 시간이 지나도 상황이 변하지 않으면 이 상황에 대해선 인지를 해야 하는데 보통은 인지하기가 힘들죠. 화나고 억울하니까.

  근데 공익제보 때문에 회사에서 잘려서 지금 당장 먹

고살기 힘들면 아르바이트라도 해야 돼요. 덮어두라는 게 아니라 장기전을 위해서는 다른 걸 생각을 하고 있어야 하니까.

말 못 했던 고통

쳉타쿠 담담하게 말하지만 전 과정이 물 흐르듯 진행됐을 리가 없잖아요. 정신적이든 육체적이든 고통이 있었을 것 같은데요.

이재일 있었죠. 화병이 났어요. 내가 뭘 잘못했다고 이 사람들이 이럴까 너무 화가 나서 병이 났어요. 어느 날 저희 어머니가 그러시더라구요. "너 왜 밤마다 방에서 나와서 냉장고를 여느냐"고.

쳉타쿠 몽유병이 생긴 건가요?

이재일 네, 그게 생겨서 꿈인지 생시인지 구분이 안 가는 거죠. 꿈에서 그 사람들하고 싸우고, 일어서서 벽을 쳐서는 손이 깨지고. 그때 14층에 살았는데 창문을 열고 앉아 있기도 했어요. 나도 모르게 구멍 뚫는 펀치로 손을 찔렀던 적도 있고. 이걸 인지하고 나서는 이러다 큰일나겠다 싶어서 제 발로 병원에 갔어요. 의사 선생님이 해리성 장애까지 왔다고 하시더라고요.

해리성 장애의 '해리'는 '연속적인 의식이 단절되는 현상'을 가리키는 말로, 해리성 기억상실, 해리성 정체 장애, 해리성 둔주 등이 포함된다.

이제일 자리에 있다가 잠깐 이석을 했을 때 누군가가 내 자리에 불을 지르는 건 아닐까 불안해요. 화장실을 못 가겠고, 화장실을 가더라도 잘 찾아왔나 싶고, 화장실이 맞나를 확인하려고 타일을 만져보고. 현실인지 상상인지 계속 확인해야 하는 정도까지 간 거죠. 의사 선생님이 그러시 더라고요. 빨리 낫기 위해선 그분들이 당신한테 미안하다고, 잘못했다고 용서를 빌어야 한다고. 그런데 그분들이 그러시겠냐구요.

쳉타쿠 그럴 리가 없죠.

이제일 의사 선생님도 해줄 수 있는 게 별로 없구나 싶어서 상담을 줄였어요. 이 얘기를 처음, 그리고 가장 많이 들으신 분이 선생님이었기 때문에 갔던 건데, 이제는 상담이 더 소용이 없겠다는 걸 느끼고 끊었던 거 같아요. 한 1년 걸렸지만.

쳉타쿠 의사에게 말한 게 처음이라면 다른 사람에게 도움을 청한 적이 없다는 말인가요? 가족이라던가.

이재일   가족한테는 말하지 않았어요.

챙타쿠   혼자 감내한 건가요?

이재일   그렇죠.

챙타쿠   정신적으로 힘들어할 때 어머님이 굉장히 많이 놀라셨 겠네요.

이재일   저희 어머니도 뭔가 이상하니까 왜 밤에 냉장고를 여닫 냐고 하셨겠죠? 저도 그 얘길 듣고 병원에 간 거니까.

가족이 나 때문에 힘들어하는 걸 보면 내가 더 힘들지도 몰라 서, 그래서 말을 안 한 걸까 멋대로 짐작만 하곤, 더 이상 묻지 않 았다.

공익제보 이후

챙타쿠   요즘은 무슨 일을 하시나요?

이재일   서울시 공익제보지원위원회 위원으로 활동 중이고, 청렴연수원(국민권익위원회 산하기관) 청렴강사로 있어요.
B대학에선 행정학 공부를 하면서 공익제보에 관련한 연
구를 하고 있어요. 말하자면 정책하고 행정을 적절히 넘
나들면서.

쳉타쿠 계속 공부를 하시는군요. 원래 공부를 좋아하시나요?

이재일 아뇨. 공부가 재미있는 사람은 아무도 없을걸요? 그저
공익제보자로서 말을 할 때 제 목소리를 최대한 중립적
으로 들리게 하기 위해 준비하는 거예요.
　극성적으로 자기 얘기만 하는 것처럼 보이지 않게, 학
문적으로 연구한 결과가 이렇다고 말하기 위한 방법으
로 선택한 거죠.

쳉타쿠 지금 하는 일도 공부하는 것과 연관이 있으시겠네요.

이재일 네. 연구하고 공부한 덕분에 공익제보자 분들을 위한 제
안을 하고 있죠. 현실적인 부분과 학문적인 부분에서 서
포트하기 위해서 열심히 공부하고 있으니까.

쳉타쿠 공익제보 하신 지 벌써 12년이 지났는데, '공익제보자'
로 사는 삶은 어떤가요?

이재일 이렇게 될 거라고 예상하고 살았던 게 절대 아니잖아요.

예상하지 못한 삶을 살기 때문에 더 스펙타클하게 살고 있어요.

챙타쿠 그때로 돌아가도 다시 제보하실 건지.

이제일 하긴 할 거예요. 대신 방법을 좀 달리 취하겠죠. 그때는 너무 어려서, 불의를 보면 참지 못하는 치기 어린 정의감이란 게 있었어요. 아닌 건 아니라고 정확하게 말해야 하지만, 지금은 말을 하되 그렇게까진 대놓고는 안 하겠죠. 하하.

챙타쿠 돌려 돌려서.

이제일 네, 돌려 돌려서. 직접 말하지 않고도 조용히 처리할 수도 있고, 여러 가지 다른 방법이 있었을 텐데 정면돌파를 하다 보니까 어려움이 있던 게 아닌가 싶어요. 그러니까 한마디로 전략이 없었던 거죠. 당연히 바뀌어야 하는 문제고 바뀔 수밖에 없다고 생각했기 때문에 앞뒤 가리질 않았어요.

챙타쿠 정면돌파를 해서 더 멋있었던 거 같아요. 보통은 나에게 불이익이 생기지 않을까 고민하잖아요.

이제일 다른 공익제보자 분들을 본 결과로 판단하면, 다들 그런 고민을 하고 제보하진 않으시더라고요. 제보자를 대상으로 하는 많은 설문조사에 '(제보하기 전) 이걸 말하고 난 뒤 당할 불이익이 걱정됐다'는 질문이 있는데, 그거는 좀 안 맞는다고 봐요. 왜냐면 사후에 돌이켰을 때는 '두려웠다'고 말하지만, 당시엔 두려웠으면 아예 제보를 안 했을 거예요.

챙타쿠   제보하는 게 너무 당연하니까 한 것뿐?

이재일   당연히 잘못됐다고 생각하니까 제보하는 거지, 다른 생각을 했으면 안 하죠. 연애할 때도 조건만으로는 연결 안 되는 거랑 똑같아요. 첫눈에 팍 오는 게 있어야 하잖아요. 그거랑 똑같이 여러 생각을 하면 못 할 것 같아요.

혹시 적십자사의 혈액관리 문제 제보하신 분 아세요? 에이즈 걸린 사람의 혈액인데 관리가 안 돼서 수혈용으로 쓰이는 거예요. 그 팩을 수혈받으면 에이즈 걸리는 거죠. 이렇게 혈액관리가 제대로 안 되는 걸 제보하신 분이 계시는데, 그분이 '만약 내 가족이 그걸 수혈받으면 어떻게 하지' 생각하셨대요. 앞뒤를 잰 게 아니라 당연히 바꿔야 한다는 마음에 말씀하신 거라는 거죠. 당연한 얘기니까 한 거지 그 이상 그 이하도 아니었던 거예요.

챙타쿠   조건이 많고 생각할 게 많으면 제보할 수가 없겠네요.

이재일	경주마처럼 앞만 보이면 하지만 옆이 보여버리면 못 하는 거죠. 제가 지금 공익제보 관련 일을 하고 있잖아요. 공익제보를 할까 말까 망설이시는 분과 상담을 할 때가 있어요. 그러면 저는 "고민되면 안 하시는 게 맞다"고 말씀드려요. 뭐가 옳은지는 알지만 이면의 것을 생각하기 때문에 망설이시는 거거든요. 그러면 안 하는 게 맞죠. 공익제보자에게 박수 쳐주고 격려해주는 역할로도 충분해요.
쳉타쿠	가족이나 가까운 지인이 공익제보를 한다고 하면 어떻게 하실 건가요? 혹시 말리실 생각은?
이재일	말리지 않아요. 대신 처음부터 같이 고민하자고 할 거 같아요.
쳉타쿠	역시 전략을 세워서?
이재일	네. 단계별로 전략을 두고, 1단계 했는데 예상되는 결과가 안 나왔을 때는 다르게 가보는 식으로 구체적인 전략을 세우는 거죠. 공익제보자는 사회에 필요한 역할이니까 잘할 수 있는 방법이 있다면 유도해야죠.
쳉타쿠	역시 해본 사람이 아는지도 모르겠네요.(웃음) 마지막으로 한마디 한다면.

이재일   제가 안 억울해서 옛날 일을 접어둔 게 아니라 거기에 붙잡혀 있으면 다른 걸 할 수 없기 때문이거든요. 내일은 내일의 해가 뜨잖아요. 역경을 겪었지만, 앞으로, 긍정적으로 나가려고 노력하고 있어요. 성과를 거두고 있다는 것도 보여줄 필요가 있는 것 같아서요.

이재일 연구원은 2006년 제보 당시의 일을 마치 어제 일처럼 이야기했다. 하나하나 세세하게 기억하고 있는 게 대단하다 느껴질 정도로. 흥미로운 건 놀라운 기억력과는 반대되는 놀라울 정도의 차분함이었다. 거기에 사로잡혀 있지 않기 위해 억울했던 기억을 차곡차곡 정리한 것처럼 느껴졌다.

　공익제보 때문에 '스펙타클'한 인생을 살고 있음에도 이재일 연구원은 공익제보와 공익제보자들을 위해 공부하고, 일하고 있다. 길가다 넘어지기만 해도 다시는 그곳을 가고 싶지도 않은 게 사람 심리 아니던가. 하지만 연구원은 '거기에 사로잡혀 있지 않기 위해' 앞으로 나아간다. 뿐만 아니라 다른 제보자들이 나아가야 할 길을 만들어주고 있다.

움직임을 멈추지 않고 있다

한국건설기술연구원은 정부의 출연금, 즉 세금으로 운영되는 국책기관으로, 건축공학을 하는 사람들에겐 '꿈의 직장'이라 불리던 곳이었다. 하지만 실상은 달랐다. 연구원들은 당연하게 국가의 세금을 횡령하고 있었다. 이재일 연구원은 자신이 근무했던 2년 동안(2004~2006) 자행됐던 횡령을 공익제보 했다.

연구원들은 크게 출장비와 연구비를 횡령했다. 가령 부하 A가 '자신과 상사 B가 출장을 간다'고 결재를 올리면, 통장에 50만 원에서 100만 원 정도가 들어온다. 그럼 이 액수를 그대로 인출해 B에게 가져다준다. 아니, 가져다주어야 한다. 출장 간 적이 없음에도 그래야 했다. 명백한 세금 횡령이었다. 이재일 연구원은 물었다. 이걸 왜 해야 하냐고. 들려오는 답은 상납, 회식비 등과 같은 핑계였는데, 진짜 그 목적으로 썼는지는 아무도 모를 일이었다. 뿐만 아니라 가짜로 실험목록 만들어 개인적인 물건을 사기도 했다. 세금이자 연구비를 '서류로 무마되는 눈먼 돈'이라고 여겼기에 가능했다.

이재일 연구원은 처음, 자정이 될 거라는 믿음에 외부가 아닌 감사실에 제보한다. 결론부터 말하자면 순진했다. 일주일 후 전 직원에게 이런 공문이 도착한다. "이재일 연구원이 횡령에 대해 문제제기를 했으니 감사를 진행할 예정이다"라고. 가장 보호되어야 할 제보자의 신분은 이렇게 어이없이 노출됐다. 따돌림과 괴롭힘은 필연적이었고, 언어폭력, 허위사실유포, 상해위협이 뒤따랐다. 화병이 났다. 몽유병이 생겼고, 자해를 하기도 했다. 해리성 장애 진단도 받았다. 의사는 '낫기 위해선 그들에게 사과를 받아야 한다' 고 했다. 불가능한 이야기였다.

그러던 차에 시민단체와 연이 닿았다. 이들의 도움을 받아 국민권익위원회에 두 번째 제보를 했다. 이 제보로 공무원여비규정이 변경·개선되었고, 이재일 연구원은 공익제보자가 되었다.

현재 다른 공익제보자들을 돕기 위해 공부하고, 일하고 있는 이재일 연구원. 비록 제보로 일자리를 잃고, 남과는 다른 인생을 살게 되었지만, 그래도 움직임을 멈추지 않고 있다.

필리핀
연쇄 납치 사건의
제보자 혹은 생존자

◈ 백명주 편

"제발 사람들이 나를 별도의 시선으로 보지 않았으면 좋겠어요. 살면서 일어날 수 있는 희한한 일을 몇 가지 겪었을 뿐이에요."

생존자의 집

홍석동이라는 납치 피해자가 있었다. 『딴지일보』는 그의 부친과 첫 통화를 시작으로 몇 년간 필리핀 납치단을 쫓는다. 피해자는 생각보다 많았다. 가해자는 생각보다 잔인했다.

당시 사건은 한 생존자이자 제보자로 인해 급진전을 맞는다. 오랜만에 그를 만났다.

죽지않는돌고래　이제 정말이지 오랜 과거 같네요. 마지막으로 인터뷰를 했던 게….

백명주　2012년. 최세용 일당이 본격적으로 한국 언론에 나올 때쯤, 『딴지일보』가 집요하게 최세용 일당을 괴롭혔잖아요.

평소대로 『딴지일보』를 읽다가 '어?' 하고 연락하려는데…. 그 모습을 본 어머니가 컴퓨터 코드를 뽑았어요. 코드를 뽑으면 내가 연락을 못 하겠구나 하고.

죽지않는돌고래　어머님은 휘말릴까 봐 그러신 거겠죠?

백명주　어머니는 보복을 두려워했어요. '너 아니어도 할 사람 많다. 잡힐 것 같았으면 벌써 잡힐 놈들이다.' 어머니는 반대했고, 난 어머니 몰래 『딴지일보』하고 인터뷰를 했지요. 그땐 그렇게 반향이 커질 줄 몰랐어요.

5년 전이다. 첫 만남에서 그는 말했다. "피해자는 훨씬 많다. 나를 보고 누구라도 나왔으면 좋겠다. 얼굴을 내어도, 실명을 써도 좋다. 그래야 사람들이 용기 낸다."

죽지않는돌고래   지금 와서 묻는 게 뻔뻔하지만…, 얼굴을 공개하고, 실명을 내고. 그 심리의 기저가 궁금합니다.

백명주   내가 죄를 지은 게 아니라 나는 피해자인데, 왜 내가 숨느냐, 하는 생각을 했던 것 같아요. 헌데 『딴지일보』에 기사가 나간 뒤에 너무 많은 곳에서 연락이 와서 놀랐어요. 케이블TV부터 〈그것이 알고 싶다〉까지. 깜짝 놀랐어요.

김창규 기자(죽지않는돌고래)는 계속 이 일에만 매달렸잖아요. 갑자기 어지간한 언론에서는 다 연락이 왔는데, 몇 군데 취재를 응하긴 했어요. 대부분 잠깐 관심을 가지고 말았는데…. 결과적으로 그 사람들 행위가 중단되는 데 일조를 했다고 생각하지만 안타까운 소식이 너무 많아서…. 특히 홍석동 부모님이나 윤철완 부모님도 바로 만나고 싶었는데…. 그땐 너무 미안해서 못 만나겠는 거예요.

'나'는 살아서 돌아왔으니까.

백명주   가끔 다른 생존자들과 만나보고 싶다는 생각을 해요. 그러다가도 문득… 살다가…, 이 일을 아무도 몰랐으면 좋겠다는 생각이 듭니다. 그럴 때가 너무 많아요. 아직 한국 사회에서는 성폭행 피해자를 비난하는 사람이 있잖아요. '니가 짧은 치마를 입고 다녔으니까 그랬지' '누가 밤늦게 다니래?' '니가 따라 갔으니까 그렇지'… 이런 식이죠.

똑같은 얘기가 저한테도 먹히는 거예요. '까불고 다니니까 니가 납치를 당했지' '니가 그러니 어련히 알아서 표적이 되었겠니' 이런 시각들 때문에 지나온 시간이 괴로웠어요. 그 일이 계속 나를 괴롭힙니다.

이후의 삶

죽지않는돌고래 『딴지일보』와 인터뷰 뒤 여러 매체에 소식이 나왔잖아요. 그 뒤론 어떻게 지내셨나요?

백명주 한국을 떠나서 중국으로 돌아갔어요. 내 생활 터전이 중국에 있었으니까. 다시 중국으로 돌아가서 조용히 학교생활을 했어요. 학교에서 일하면서 한국이랑 동떨어진 생활을 했죠. 저 스스로도 잊고 살았어요.

죽지않는돌고래 검사나 형사 들이 백명주 씨 전화번호를 많이 물어보더라고요.

백명주 잊고 살다가 검사들에게서 연락이 왔어요. 사건 담당이… 부산이었나요?

죽지않는돌고래 마지막에 사건이 다 부산으로 합쳐졌어요.

백명주 부산경찰청에선 필리핀에 동행을 하자고 요구했어요. 나는 아무한테도 얘기하지 않고, 다니던 학교에다 며칠 휴가를 신청해서, 필리핀에 갔다 왔어요. 가족도 모르게. 왜냐하면 분명히 반대할 게 뻔하니까. 다 끝난 사건에 얽이는 거 좋아할 사람은 하나도 없으니까.

경찰이 그렇게 말했어요. '마지막 단계에 걸려 있다. 최세용 일당을 다 잡았는데, 얘기를 안 한다. 생존자들 몇 명은 연락을 했는데. 전화를 끊는다든지 수사 협조를 잘 안 한다.'

죽지않는돌고래 그분들 트라우마가 엄청나요. 어떤 분은 지나가는 봉고만 보이면 소름이 돋고. 어떤 분은 남자 몇 명만 모여 있어도 손이 떨리고.

백명주 그래서, 제가 가겠다고 했어요.

죽지않는돌고래 그땐 살인에 대해선 아직 인정을 안 할 때였죠. 증거가 없으니까….

백명주 네, 계속 부인하고 있다고 형사가 얘기했어요. 자기네들이 납치해서 돈을 뜯었다, 라고까지는 얘기하는데, '누구를 죽였네, 누구를 살해해서 유기했네' 이런 거는 하나도 인정을 안 하고 있다고. 내가 들은 것도 있는데. 다른 피해자들 가방을 본 것도 있어서 수사관들과 동행해서 필리핀에 간 거예요.

죽지않는돌고래 자신이 납치된 곳. 그런 곳을 다시 찾아가는 감정이란 게….

백명주 그 장소를 가니까… 동네 입구에서부터 괜히 가슴이 쿵쾅쿵쾅 뛰어요.
　　정말 1초도 고민하지 않고 그 집을 지목했어요. 몇 년 만에 갔는데, 제대로 본 집도 아닌데, 다시 그 동네를 가니까 자석같이 확 붙는 느낌이 있어요. 그래서 저 집이라고. 차를 세우라고, 기분이 이상해요.

죽지않는돌고래 ….

백명주 거기서 사진 찍고. 나중에 뉴스 보니까 그 집을 파고 있더라구요.

해당 장소에선 증거를 찾지 못했다. 입을 닫고 있던 납치단 막내 '뚱이'가 같은 교도소 재소자에게 말한 내용을 근거로 홍석동 씨와 다른 피해자의 시신을 발굴할 수 있었다. 백명주 씨는 여러 노력으로 다른 피해자 가족에게 '위안받았다'는 말을 듣는다.

　생사를 모르는 피해자 가족들에게, 희망이었다. 나에게도 그랬다.

백명주　개인적으로는 언젠가, 최세용 면회를 한번 가볼까 생각했어요. 김창규 기자는 그때 어땠나요?

죽지않는돌고래　최세용이 태국에서 잡힌 후에 본인이 제가 뭘 '알고 있다'고, 의미는 모르겠는데 지목해서 불렀어요. 가지 않았어요. 범인들이 다 잡히고 난 후엔…. 피해자 가족 분들도 그렇게 하길 원치 않았고.

　그래서 잡힌 후엔 오히려 거의 기사를 안 썼고. 그때부터는 경찰, 검찰이 할 일이니까. 잡고 난 뒤까지 나서면 개입이 되는 거잖아요.

백명주　그럼 그때 끝낸 건가요?

죽지않는돌고래　편지는 계속 주고받았어요. 당시엔 밝혀지지 않은 게 많아서. 어느 날은 탄원서를 써달라고 편지가 왔어요.

백명주　아니, 탄원서를 어떻게 써주나.

죽지않는돌고래　나도 그 심리가 잘 이해가 안 가요. 자기가 억울한 부분이 있다고. 탄원서를 써주면 좋겠다고. 아직 알아야 할 게 있으니까 고민했어요.

최세용, 김종석, 김성곤이라는 살인납치단 체제가 갖추어지기 전에, 처음 납치단 가운데 한 분이 있는데…. 오랜 기간 죗값을 치루고 회사로 저를 찾아왔어요. 이따금 한 번씩 만나는데, 이런 편지가 왔다고 제가 상의를 구했는데 그분이 연락하지 말래요.

'혹시 이유가 있냐' 하니까 이러더라구요. 감옥 안에서 최세용 끈이 다 떨어졌을 거다. 바깥에서 기자나 이런 사람들 연락이 오면 감옥 안에서 본인 가치가 올라간다. 잡히고 나서도 자꾸 기사가 나가면 더 그렇다. 그래서 꼭 해야 할 일이 아니면 안 하는 게 좋다. 홍석동 씨 장례식 때 경찰 간부도 몇 왔는데 같은 이유로 저랑은 안 만나는 게 좋겠다고 했어요.

백명주 최세용 급이 올라가는 거죠.

죽지않는돌고래 그 말이 기억에 남아요. 계속 연락하고 기사 쓰면 다 불행해질 거다. 그래서 연락 안 하는 게 맞겠다. 일리가 있는 거예요. 안에서 10년쯤 있던 사람이니 저보다 심리를 잘 알겠죠. 그래서 저도 연락을 끊었어요.

백명주 안에서 자꾸 위상이 올라가죠. 거기선 계속 주목받고 있는 사람이 대장이니까. 그 안에서는. 끈이 떨어지면 정말

청소해야 되고. 그럼 이제 다 밝혀낸 건가요?

죽지않는돌고래 윤철완 씨는 못 밝혀냈습니다. 아직도, 아무도 말하지 않아요.

윤철완 씨 부모님과는, 백명주 씨와 함께 만나기로 약속했다. 시간상, 백명주 씨는 윤철완 씨가 사라진 직후에 납치된 피해자다. 아직 윤철완 씨는 돌아오지 않았다.

낙인

죽지않는돌고래 오늘은 계속 힘든 질문을 하는 것 같은데… 어떤 일이 가장 괴로웠나요?

백명주 일종의 낙인이에요. 피해자임에도 불구하고 그 사건 관계자라는 낙인. 그거인 거 같아요. '난 피해자인데도 그 사건에 관계되었던 사람이다.'
  사람들이 나를 정면으로 보지 않아요. 째려보는 거 같아요. 가깝게 오지 않아요.

죽지않는돌고래 납치를 당하고, 죽을 고비를 넘기고. 그럼에도 불구하고 적극 협조했는데…, 그 일들이 백명주 씨의 삶에 약점으로 작용했다는 말인가요?

백명주   저로선 결단을 내린 거였는데. 어느 순간 제가 손가락질 같은 걸 받고 있는 거예요. 저 사람이 그 사건 피해자였대. 마치… '화냥년'이라고 하는, 그런 느낌이에요.

병자호란 때 청나라로 끌려간 여성은 약 50만 명. 그들이 다시 조선으로 돌아왔을 때 '고향으로 돌아온 여인'이라는 뜻으로 환향녀(還鄕女)라 불렸다. 사람들은 고생한 이들에게 위로를 건네는 대신, 적지에서 성노리개 노릇하고 온 더러운 계집이라 욕했다.

　그들은 적지에선 적에게, 고향에선 가족에게, 죽을 때까지 수모당했다.

죽지않는돌고래   죄송한데 지금 하는 일을 밝혀도 될까요?

백명주   교육 쪽입니다. 그래서 더욱, 이런 사람이 무슨 교육계에 접근을 하느냐는 거죠.

죽지않는돌고래   이해가 안 되는 게, 납치 피해자가 그 트라우마에도 불구하고 용기를 냈는데, 이걸 비난한다는 거지요?

백명주   저는 나쁜 쪽으로 포장이 가능한 대상입니다. 운동선수 출신, 한국 최초의 '섹스숍 사장', 그리고 해외를 떠돌며 사람을 무차별로 납치하고 살해했던 이들과 있었던 사람으로 그려지는 겁니다.

무엇보다 교육적인 거하곤 연결이 하나도 안 되는 거지요.

누군가에게 그는 '공부를 열심히 했던 야구선수 출신의 입시 상담가'가 아니다. '공부는 안 하고 운동만 해서 자격 없는 사람'이다. 누군가에게 그는 '콘돔 편집숍으로 대박 낸 청년 사업가'가 아니다. '아이들이 가까이해서는 안 될 섹스숍 사장'이다. 누군가에게 그는 '살인범들에게 납치당했음에도 살아 돌아와 다른 피해자를 막기 위해 뛴 사람'이 아니다. '당할 짓을 했기에 당한 사람'이다.

백명주   저는 이렇게 생각해요. 나쁜 로또에 걸린 거라고. 확률적인 거지요. 누구나 납치될 수 있습니다. 그 사람들이 작정하고 나를 타깃으로 삼으면 누구든지 납치될 수 있을 거예요.

최세용 일당한테 납치된 사람들은 특이한 사람들이 아니잖아요. 언론에 그나마 이름이라도 나온 분들 중엔 아직도 찾지 못하고 있는 공군사관학교 출신 장교 윤철완 씨가 있고 홍석동 씨도 성실하게 일하던 직장인이었어요. 고인이 되신 분들, 피해자 분들은 다 우리 주변에 있는 보통 사람입니다.

그냥 그 사람들이 타깃을 잡으면, 납치될 수밖에 없어요. 내가 납치된 게 무슨 죄를 지은 것처럼, 이쪽에서 사람들이 그런 시선을 가져요. 그런데 그 사람들이 가만 있지 않고, 떠들어대요. 내 과거가 재미있나 봐요.

사람들은 생각보다 쉽게 넘어간다

죽지않는돌고래 새로 일을 시작한 후에 가장 힘들었던 건 뭔가요? 백명주 씨가 일하는 웹 사이트에 들어가서 악플은 쭉 봤는데…. 살인범들과 호형호제한 사람이 교육계에 있을 자격이 되는가… 하는 글부터.

물론 훨씬 다양하고, 악의적인 어투, 상당한 양이었다.

백명주 그 사실을 약점 잡아서 나를 공격할 거라고는 상상도 못 했어요. 사람이 다른 상대를 비난하는 데는 정말 다양한 방법이 있다는 걸 알았습니다. 인터넷이 발달하면 발달할수록 누군가는 편하겠지만 누군가는 그 때문에 죽을 수 있어요. 굉장히 간단하게. 실제로 그 대상이 돼보니까 울화통이 터져요.

그때 알았어요. 일부의 사실과 대부분의 허위를 섞었을 때 정확한 사실을 모르는 사람들은, 그게 마치 전부가 진실인 것처럼 받아들일 수 있다는 걸 말이에요. 누군가 논리적인 것처럼 글을 쓰면 꽤 많은 사람들은 생각보다 쉽게 넘어가요.

반박을 제대로, 제때 하지 않으면 사람들이 믿습니다.

왜 반박하지 않느냐, 고 물어보기도 해요. 저는 너무도 당연히, 사람들이 다 이해할 거라고 알았어요. 그런데 그게 아니더라구요. 나를 바라보는 반감 갖는 시선들이 늘어나니까 내가 나서서 계속 아니라고 말해야 된다, 라고 생각하는 거예요.

죽지않는돌고래 ….

백명주 난, 어쩌면 이런 경험들이 어떤 정신적인 재산이라고 생각해요. 타인의 어려움을 함께하고, 상담해주는, 지금의 일에 바탕이 된다고. 적격이라고 생각해요.

백명주 씨는 현재 한 어학원의 원장으로, 재외국민특례 입시 상담가로 활동하고 있다.

백명주 굉장히 고민 많았던 아이가 나하고 얘기하고, 뭔가 돌파구를 찾은 것처럼 환한 웃음을 짓거나 자신감을 찾을 때, 나는 그걸로 만족해요. 그러면 큰일을 하고 있다는 생각이 듭니다. 나는 이 일을 계속할 거고.

제발 사람들이 나를 별도의 시선으로 보지 않았으면 좋겠어요. 살면서 일어날 수 있는 희한한 일을 몇 가지 겪었을 뿐이에요. 나는 그런 것들을 별로 중요하게 생각하지 않아요. 오히려 용기를 내서 그 일을 더 이상 확산시키지 않게 했던 것에 일조했던 사람이기에 난 사람들이 격려해주고, 수고했다는 응원의 말도 내심 바랐어요. 나를 비난하는 사람들은, 그냥 자기 일을 열심히 했으면 좋겠어요.

죽지않는돌고래 혹시 부모님은 그때 얘기를 하시나요?

문득 그의 부모님이 생각났다. 그의 부모에 대해서, 한 번도 깊이 생각해보지 않았다.

백명주 얘기를 안 하려고 굉장히 애를 쓰는 게 보여요. 필리핀 얘기만 나와도 언급을 잘 안 하려고 해요.

죽지않는돌고래 그 이후에, 혹시 사건 관련 외에 필리핀을 가보셨나요?

백명주 몇 번 가기도 했었는데, 학교 일이라든지, 학부모 설명회라든지…. 필리핀에 내리면 스스로 맥박이 빨라지는 걸 느껴요. 나도 모르게 동물적으로 변해요. 초조해지고, 와선 안 될 곳에 온 거 같은 그런 느낌이 들어요. 필리핀 자체가 나한테는 긴장되는 나라예요. 그때 이상의 나쁜 기억이 내 인생엔 없으니까.

내가 살기 위해 다른 사람을 죽일 수 있는가

죽지않는돌고래   혹시 피해자 분들과 따로 연락해본 적은 있나요?

백명주   지금 생존자들 중에 나한테 메일 온 사람이 있었어요. 몇 년 되었네요. 어떻게 사냐고 나보고. 어떻게 그런 인터뷰를 하냐고. 안 무섭냐고.

죽지않는돌고래   ….

백명주   내용을 보면… 여성 분인 거 같아요.

죽지않는돌고래   신고를 안 하신 분 중에 한 명이겠네요.

백명주   그걸 물어봤어요. 내가 나올 때 납치단 막내 뚱이 노트북을 봤다고 했잖아요. 한국 여자들이 강간당한 비디오를 최세용이가 찍은 걸 내가 봤다고 했는데, 그거 진짜로 봤냐고 나한테 메일로 물어봤어요. 내용상 자기가 찍힌 거 같다고. 진짜로 봤냐고. 영상을 제가 제대로 본 건 아니니 걱정하지 말라고 얘기했어요. 유출되는 건 우리나라가 우습게 유출되니까…. 그게 궁금해서 나한테 보낸 거 같아요.

최세용 일당은 사람을 데려와 납치 피해자와 억지로 성관계하는

동영상을 남겼다. 신고를 막기 위해서다. 당시, 최세용과 함께
도피 생활을 하던 이는 내게 노트북과 가짜 여권을 건네겠다고
태국으로 오라 했다.

가짜 여권 등의 기록만 사진으로 건네받고 노트북은 경찰이
할 일이니 받지 않겠다 했다. 최세용 검거 이후 몇 달간 연락 주
고받다가, 경찰과 타 언론에 자료를 공유한다는 사실을 안 그는
'믿었는데 왜 그랬느냐'며 연락을 끊었다. 그는 마지막까지 최세
용이 살인을 하지 않았다고 주장했다.

백명주　　최세용은 나한테 여자가 여러 명 있었다고 했어요. 더 쉽
고, 잡고 나면 참여도가 높다고. 다른 사람들 포섭하는
데 도와주고, 여자들이 오히려 자기를 풀어주고 돈을 돌
려주는 조건으로 제의하기도 한다고.

죽지않는돌고래　　극한 상황에 몰아넣고 인간적인 딜레마를 주는 것도 모
자라서….

백명주　　인간이 극한 상황에 몰리면, 자신이 살기 위해 다른 사람
을 죽여야 하는 상황이 오면…. 그건 무어라고 말을 못
할 것 같아요. 저도 갈등이 있었잖아요.

죽지않는돌고래　　그렇죠.

당시 백명주 씨는 수배자였다.

1990년대 중반, 청년 사업가였던 그는 콘돔 편집숍으로 대박이 난다. 개장 이후, 5개월 만에 60개 이상의 체인점을 연다. 젊은 나이, 전 세계의 콘돔을 모아 판다는 이유로 화제가 되었으나 지금이라면 웃고 넘길 단속에 대처할 법적 지식이 없었다. 많은 대리점을 관리할 경영 능력도 없었다. 계속되는 단속과 재판에 지쳐 다시는 돌아오지 않겠다는 생각으로 한국을 떠난다. 그렇게 15년간 수배자 신세가 된다. 납치는 그 생활 중, 막바지에 일어난 일이다.

호구조사가 끝난 최세용 일당은 같이 사지에 몰린 처지라 생각해 '안전'하다고 판단한 백명주 씨를 납치단의 일원으로 섭외하려 했다. 백명주 씨는 그들에게 '섭외되었다'고 착각하게 만든 뒤, 빠져나왔다.

백명주 팔레스호텔 커피숍에서 아무개 여사랑 같이 커피 한 잔 마시고 차에 태우기만 하면, 내 돈을 빼준다고 했지요. 굉장히 갈등했어요. 정말로, 갈등했어요.

타깃이 된 여자에 대해서 설명하는데 한국에서 부도 내고 온 여자고, 악질 사업가고…. 진실은 모르겠지만 이유를 나름 만드는 거겠죠.

그 여자 태우고, 커피 마시고…. 뭐 그렇게, 최세용이 시나리오를 줬거든요. 중국 가서도 김종석이한테 전화가 왔었죠. '한 2주 있다가 홍콩에서 만나자. 그러면 너에게 새로 만든 전자여권을 주겠다.' 그럼 미국 빼고 다 갈 수 있다고. 정말 갈등을 많이 했어요.

김종석은 필리핀 납치단의 일원으로, 2012년 10월 8일, 필리핀 경찰청 납치사건 수사단 내 유치장에서 유서를 남기고 자살했다. 백명주는 납치단의 일원이 되는 대신 한국행을 택했다.

인생의 아이러니

백명주 전 납치당하기 이전에 호주에서도 생활하고, 일본에서도 잠깐 생활하고, 대부분 중국에서 생활했어요. '이젠 한국에 들어가서 정리를 해야 되겠다. 평생 이렇게 살 수는 없지 않을까'라는 생각이 들 때 즈음, 최세용과 마주친 거예요. 납치를 당해서 죽음을 눈앞에서 겪고 나니까 마음속 깊이 후회하게 된 것이죠. '내가 대체 왜 이러고 다녔나.'

그래서 결심을 하게 된 계기가 되었죠. '한국으로, 가자.'

죽지않는돌고래 이게 참 인생의 아이러니 같은, 오히려 최세용 때문에. 아니, 최세용 때문이라고 말하면 안 되겠지만….

백명주 최세용 덕분에 내 인생이 바뀐 것도 되죠. 전 어린 나이에 재판이 계속되니까 친척 여권을 도용해서 외국으로 갔잖아요. 10년 넘게 외국 생활을 했고. 한국에 들어왔을 때 모든 걸 각오했지만, 난 굉장히 큰 처벌을 받을 줄 알았어요. 남의 여권을 썼으니까.

출입국관리법이라든지, 여권법 위반이라든지. 여러 가지가 걸릴 거라고 알았는데, 검사가 나를 기소유예 시켰어요. 처벌하지 않았죠. 어머니가 그 결정문을 받으러 갔는데, 그때 검사가 "장래가 촉망되는 젊은 사업가한테 영장을 네 번이나 넣어 괴롭혀서 한국을 떠나게 했다. 참 고생 많이 하셨다"고 했답니다. 그래서 엄마가 엉엉 울었대요.

그렇게 나를 괴롭힌다고 생각했던 공권력이, 대한민국 공권력이 나를 용서해주니까 이게 또 아이러니한 거죠. 그렇게 나쁜 짓을 했던 최세용이 내 인생의 방향을 틀었고, 그렇게 괴롭히던 검찰은 나를 용서해주고. 기분이 묘했어요.

죽지않는돌고래   납치 피해자인 것도 영향을 끼친 건가요?

백명주   이 사람이 비록 여권을 도용해서 해외 생활을 했지만 이걸로 처벌을 내리는 것보다 더 큰 고생을 해서, 검찰이 나를 한 번 봐준 게 아닐까 하는 생각도 합니다.

대학원생이자 청년 사업가였던 백명주 씨는 스물일곱에 한국을 떠나 마흔이 되었을 때 한국땅을 밟게 되었다.

당시 필리핀 납치사건을 취재하던 기자가 노련한 사람이었다면, 경험 많은 사람이었다면, 그는 지난 6년간 괴롭지 않아도 되

었다. 얼굴 내지 않고, 실명 내지 않고 잘 풀어나갈 수 있는 능력
자가, 한국엔 많다.

나는, 그러지 못했다.

이 기록이 그에게 조그마한 예의가 되었으면 한다.

숨어 있는 피해자가 나를 보고 용기를 냈으면

1990년대 중반, 패션명함 사업으로 20대에 성공한 사업가가 된
다. 한국에서 첫 콘돔숍을 개장해 5개월 만에 60개 이상의 체인
점을 연다. 90년대 사회분위기상, 논란의 중심에 설 수밖에 없던
당대의 이단아다.

한국의 문화가 아직 보수적이었기에 언론에 오르락내리락하
는 백명주 씨는 미풍양속을 해치는 인물로 검찰의 타깃이 되고
결국, 당시의 사업과 관련해 경제사범이 된다. 재판을 받던 중 그
는 잘못된 선택을 한다. 심적 압박을 이기지 못하고 국외로 도피
한 것이다. 그는 수배자가 되었고 이후 15년간 도망자 신세로 한
국에 돌아오지 못한다. 그리고 2010년 9월 5일, 그에게 잊을 수
없는 사건이 발생한다.

필리핀 마닐라에서 납치당한 것이다.

그를 납치한 이들은 인터폴 적색수배령이 내려진 살인용의자
들이었다. 2007년 7월 9일, 안양환전소에 침입해 흉기를 이용,
혼자 있던 여성 직원을 살해하고 1억8500만 원을 빼앗아 필리핀
으로 도주한 최세용, 김종석, 김성곤이다. 그들은 필리핀 현지인

을 포함, 7~10명의 팀을 이뤄 수년간 한국인 관광객을 대상으로 납치강도 및 살인 등의 범죄를 일삼고 있었다.

경찰과 언론이 나섰으나 범인들의 행방은 몇 년째 묘연했고 범죄는 계속됐다. 그들은 납치한 사람을 죽이거나, 죽이지 않으면 마약을 먹이거나 강제로 섹스동영상을 찍어 협박용 자료로 썼다.

피해자는 풀려나도 용기를 내기 힘든 상황이다.

2012년, 백명주 씨는 당시 사건을 추적 중이던 『딴지일보』로 찾아와 자신의 얼굴과 실명, 이력을 모두 공개하고 인터뷰에 응했다. 숨어 있는 피해자들이 자신을 보고 용기를 냈으면 한다는 이유였다. 그 후, 사건은 급전개를 맞는다. 많은 피해자가 새롭게 등장했고 백명주 씨는 경찰과 함께 필리핀으로 가 납치단의 아지트 장소를 찾아내기도 했다.

이후, 주용의자 중 한 명인 김종석은 필리핀 현지에서 체포되었으나 경찰청 납치사건 수사단 내 유치장에서 유서를 남기고 자살, 최세용은 태국 치앙라이 커피숍에서 검거, 외국 사법당국과 협의해 임시인도에서 최종인도로 전환한 한국인 최초의 범죄자가 된다.

현재 최세용은 10년간 위치추적 장치 부착과 함께 무기징역을 선고받아 복역 중이다. 그에게 납치당했던 백명주 씨는 이후 교육사업에 전념했으나 『딴지일보』에서 얼굴과 실명을 공개한 인터뷰를 했던 탓에 끊임없이 음해와 루머에 시달리고 있다.

영화계와 지자체의
커넥션을 캐다

◈ 장정숙 편

"최대한 도와드리고 싶어요. 저번에 어떤 분이 저랑 비슷한 일을 신고하고 싶다고, 어떤 서류가 필요하냐고 물어보시더라고요. 도와드릴 수 있으면 도와드리는 게 좋겠다 싶어서 자세히 알려드렸죠."

장정숙 피디는 영화인이다. 저예산, 상업영화를 왔다갔다하며, 연출, 조감독을 했고, 적은 예산이지만 프로듀서도 해봤다. 오랜 기간 영화판을 떠난 적이 없는 나름 잔뼈가 굵은 사람이다.

그러던 중 모 감독에게 작은 프로젝트를 같이 해보지 않겠냐고 연락이 왔다. 여기서 '작은 프로젝트'란 지자체 지원금을 받아 만드는 '지자체 영화'였다.

몸을 담기로 했다. 중책을 맡아 몇 개월을 고생했다. 하지만 끝에 있는 건 노력의 성과가 아닌, 임금체불을 시작으로 하는 기나긴 싸움이었다.

임금체불이 있었다

쨍타쿠   영화계에서 얼마나 일하셨나요?

장정숙   99년인가 2000년부터 했어요. 연출부도 하고 조감독도 하고, 단편이나 저예산 영화도 했다가 상업영화도 했어요. 연출부나 조감독만 하면 생활 유지가 안 되니까 메이킹 필름 촬영하는 스태프로도 여러 번 일했고.

쨍타쿠   문제가 있었던 건 어느 영화였나요?

장정숙   〈왔니껴〉라는 영화예요.

쳉타쿠   어쩌다가 합류하신 건가요?

장정숙   영화감독한테 연락이 왔어요. 감독도 처음에는 촬영감독으로 들어갔는데 나중에 총괄프로듀서까지 맡은 것 같더라고요. 저한테 연락해선 이것저것 예산을 짜달라고 했어요. 저는 예산안을 짜주다가 피디가 되었고.

이게 2012년의 일이다.

상업영화는 제작사, 투자사(자본), 배급사가 하나의 영화를 만들지만, 〈왓니껴〉는 지자체 지원금, 즉 국민의 세금으로 만드는 지자체 영화였다. 따라서 투자사의 자리엔 지자체가 들어갔다.

문제는 〈왓니껴〉의 투자사, 즉 안동시와 경북도청이 지원금이 어떻게 쓰이는지에 대해 이렇다 할 관리도, 감시도 하지 않았다는 점이다. 이는 명백한 구멍이었는데, 구멍이 있다는 건 관리 부실을 눈치챈 사람이 있다는 뜻에 다름 아니었다.

쳉타쿠   임금체불이 있었잖아요.

장정숙   촬영을 2012년 가을부터 했고 2013년에는 후반작업을 했는데, 그때까지 돈을 못 받고 있었어요. 일을 계속하긴 하는데 마음이 불편한 상태였죠.

발단인 임금체불의 배경에는 세 명의 인물이 있다.

영화의 총괄프로듀서 겸 감독과 안동 소재의 영화 관련 대안

학교 교장, 그리고 안동에서 이름이 알려진 영화 관련 단체 대표. 이 세 인물, 즉 〈왓니껴〉를 제작한 면면들은 감시의 구멍을 이용한 이들이기도 했다.

장정숙 그래서 돈을 못 받았다고 했더니 "다 지급이 되었다"고 하는 거예요.

챙타쿠 받질 못했는데요?

장정숙 이게, 제 통장에 기록이 아예 없으면 괜찮은데 돈이 오고 간 기록은 있었어요. 제 직책이 피디였으니까 다른 사람 인건비나 비용을 처리해야 하잖아요. 근데 안동시 정산 규정에 '현금으로 지출되는 부분은 인정하지 않는다'는 부분이 있었어요. 영화 촬영을 하다 보면 현금을 쓸 수밖에 없을 상황이 생기는데, 현금을 못 쓴다는 거죠.

교장하고 감독이 준비과정에서 협의를 하더라고요. 인건비 명목으로 청구한 돈을 현찰이 필요할 때 쓰자고. 그렇게 제 인건비로 받은 돈을 현금이 필요할 때 썼어요. 일단 급하니까 쓰고, 촬영 다 끝나면 돌려받아야겠다고 생각했거든요. 근데 다 끝나니까 주질 않더라고요.

처음엔 임금을 줬다고 착각했거나 이 시스템을 이해 못 한 거라고 생각해서 몇 번이고 다시 말했는데 아무 대답이 없더라고요. 결국 돈 문제를 해결해주지 않으면 더 이상 일 못 하겠다고 최후통첩을 했더니 그때 저를 자르더라고요. "나도 더 이상 너랑 일하고 싶지 않고 돈도 못 주겠다"면서.

이렇게 잘렸다. 노동의 대가를 하나도 받지 못한 상태로 직장을 잃은 것이다. 억울해서 노동청에 임금체불로 신고하려 했지만, 돌아온 건 '임금체불이 아니라 개인이 개인에게 돈을 빌려준 것' 이라는 답변이었다. 계좌에 임금이란 명목으로 돈이 오간 기록 이 있기 때문에 임금은 지불됐다고 볼 수 있고 그 이후에 나간 돈 은 '빌려준' 돈이라는 것이다. 신고는 당연히 불가능했고, 돈을 받기 위해선 민사소송을 하는 방법밖에 없었다.

쳉타쿠　　임금을 못 받았는데 받을 방법도 없어진 거네요.

장정숙　　다행히 '영화인신문고'에는 신고할 수 있었어요. 거기는 영화계의 특수성을 이해하고 있으니까 신고까지는 할 수 있었죠. 대신 그걸 증명하려면 증빙자료가 있어야 했 어요. 현금으로 어디에다가 입금하고 송금했는지를 알 아야 하니까. 그래서 교장한테 영화 찍으면서 만든 정산 자료나 영수증의 복사본을 달라고 했죠.

쳉타쿠　　교장한테요?

장정숙　　교장이 지원금을 신청해서, 돈도 교장과 학교 이름으로 나왔어요. 전 여기서 교장 역할이 끝난 줄 알았는데 투자

자처럼 제작 전반에 관여하고, 돈에 대한 모든 권한을 가지려고 했어요. 매번 어떤 일에 얼마가 필요하다고 보고해야 돈을 줬고, 촬영 다 하고 정산자료도 교장한테 보냈었죠. 그래서 교장한테 자료의 일부를 달라고 요청한 건데 이미 다 안동시에 넘겼다는 거예요. 시청에 갔더니 거기선 교장한테 받으라고 하고, 서로 핑퐁 하듯 계속 자료를 안 주더라고요.

쳉타쿠   말이 안 되네요.

장정숙   해결할 방법이 없었어요. 너무 속상하고 답답해서 이 내용을 경북도지사, 안동시장, 시청 문화정책과 과장, 부장한테 다 보냈는데 아무한테서도 연락이 없더라고요. 거의 포기하고 아무것도 못 하고 있었죠.

2014년인가, 〈왔니껴〉가 부천영화제에 초청 받았어요. 아무리 사이가 안 좋아졌다고 해도, 영화가 완성됐고 영화제에도 나왔으니까 시사회에 오라고 연락이 올 줄 알았어요. 근데 아무도 오라고 하는 사람이 없더라고요. 굉장히 서럽고 서운했는데 더더욱 영화제에 가야겠다는 생각이 드는 거예요.

가서, 영화관 출구에서, 영화를 보고 나오는 관객들한테, 이 사람들이 무슨 일을 했는지, 이 영화의 이면에 어떤 일이 있었는지를 알리는 내용의 종이를 나눠줬죠.

두 번째 상영 때도 이걸 들고 갔는데, 뭐 방해한 것도 아니고 종이 나눠준 게 다잖아요. 근데 감독이 영화제 측에 인쇄물 배포를 못 하도록 막아달라고 얘기를 해놨대요. 일곱 명 정도가 와선 저를 에워싸고는 벽으로 밀쳐버리더라고요. 몸 상해가면서 몇 달 일했는데 돈도 안 주고 나가라고 하더니 그런 일까지 당하니까 사람을 바닥까지 내모는 거 같더라고요. 모멸감도 느꼈는데, 그래서 더 포기를 하면 안 되겠다는 생각이 드는 거예요. 일부러 더 열심히, 더 적극적으로 했어요.

쳉타쿠　　예를 들면 어떤?

장정숙　　감독이 SNS에 〈왓니껴〉 홍보 글을 올리잖아요? 그럼 거기에 댓글을 다는 사람들한테 전부 A4와 똑같은 내용의 쪽지를 보냈어요. 전부 싹 보냈는데 그중에 국회의원이 한 분 계셨나 봐요. 그분이 이게 정부지원금이 들어간 영화니까 '대한민국정보포털'에다 정보공개청구를 하면 자료(〈왓니껴〉 촬영 때의 영수증)를 받을 수 있을 거라고 알려주셨어요.

그래서 정보공개청구를 했죠. 했는데, 다 받기까지 쉽지가 않았어요. 원래 규정상 요청을 받으면 며칠 안에 그 정보를 다 줘야 해요. 근데 담당 공무원이 잘 안 주거나 줘도 뭘 빼고 주더라고요. 나중엔 담당자도 바뀌었어요. 그 사람하고도 수차례 통화하고, 뭐가 빠졌는데 일부러 누락시킨 거 아니냐, 당신 누구한테 지시 받고 이거 다 안 주는 거냐, 싸워서 겨우 다 받아냈죠. 14년 7월인가에 신청했는데 자료를 다 받은 건 겨울이었어요.

챙타쿠 그 다음에는….

장정숙 '횡령'으로 신고했어요. 2015년 1월에.

공익제보자로서의 삶이 시작된 순간이다.

임금체불이 공익제보가 된 이유

챙타쿠 횡령이요?

장정숙 신고하기 전에 몇 백 장이나 되는 영수증을 일일이 확인했어요. 보니까 가짜 영수증, 가짜 계약서가 엄청 많더라고요. 스태프가 아닌 사람을 스태프인 것처럼 꾸며서 인건비를 지급했다고 하는 등 1억 정도 빼돌렸더라고요. 지원금 4억(안동시 2억, 경상북도 2억) 중에 1억이나.

이것이 장정숙 피디의 신고가 단순 '임금체불'이 아니라 '횡령에 대한 공익신고'가 된 이유다. 이 영화에 들어간 돈은 지자체 지원금, 즉 세금이었고, 감독, 대표, 교장은 이 세금을 편취했다.

이게 끝이 아니다. 사실 이들은 지원금을 받는 조건조차 충족

시키지 못했다. 원래 2억을 자부담하는 조건으로 안동시(2억)와 경상북도(2억)로부터 지원금을 받은 것이었는데, 자부담금(2억)은 처음부터 존재하지 않았다. 시작부터 지원금 4억밖에 없었고, 그중 1억을 횡령했다는 말이다.

장정숙 신고했더니 권익위에서 조사 받으러 오라고 하더라고요. 1박 2일 동안 원본자료를 보면서, 이 사람은 스태프가 아니고, 이건 가짜 계약서다, 하나하나 얘기했어요.

조사 받고 난 뒤에 제가 따로 조사했어요. 조사관보다는 제가 이 내용을 더 잘 아니까 할 수 있는 만큼 알아내서 전달해주면 수사가 빨리 진행될 것 같았어요. 경찰이든 검찰이든 넘기려면 정보가 더 필요할 것 같기도 했고. 그때부터 A단체, B단체 막 전화해서 아무개라는 분이 계시냐고 묻고, 이 사람들하고 관련 있는 안동 사람들한테도 전화하고 그랬죠. '당신이 뭔데 전화를 해서 꼬치꼬치 캐묻냐'고 화내고 욕 먹고 그랬는데.

챙타쿠 조사해보니 어땠나요?

장정숙 교장이 가짜로 몇 백만 원씩 인건비를 지급했던 게 다 자기 주변 사람이더라고요. 어머니, 딸, 부인, 학교 근처에 있는 가게 주인하고 알바생, 수업하러 왔던 강사, 아는 기자…. 그 사람들한테 이름 빌려달라고 한 다음에 있지도 않은 계약서를 만들었던 거죠. 그 사람도 모르게 만든 것도 있었고. 교장이 이전부터 학교 이름으로 지원금을 받아왔으니까 이번에도 될 거라고 생각했던 것 같아요. 그때랑 똑같은 방법을 쓰기도 했고.

챙타쿠 교장이 이전에도 지원금을 받았었나요?

장정숙 학교운영비 지원금을 받았어요. 원래대로라면 이걸로 운영비를 충당해야 하는데, 제대로 쓰지 않았던 것 같아요. 보니까 지원금의 반 이상을 난방비로 지출했더라고요. 한 주유소를 지정해서 거기서 계속 난방용 기름을 샀던데, 난방비가 한 달에 얼마씩 정기적으로 나갔으면 납득이 되잖아요. 근데 매달 결제하는 걸 깜빡했나 봐요. 연말정산이 다가오니까 급했는지, 영수증을 만들기 위해서 같은 달에 두 번이나 결제하고는 날짜에 빨간 줄을 그어요. 그 다음 위에 도장 찍고 날짜를 고치는 거죠. 12월에 받은 영수증에 줄 긋고 11월 영수증이라고.

〈왓니껴〉 건에 관한 판결문엔 이렇게 나온다.
　"대표가 사전에 담당 공무원과 접촉을 했고, 교장이 사업비를 청구(기획서 작성)했다."
　해왔던 일이기 때문에 이번에도 괜찮을 거라는 자신이 있었을 것이다.

장정숙 욱하더라고요. 몇 백만 원 받으려고 이 싸움을 시작한 거지만, 어떻게 이렇게 말도 안 되는 일이 그냥 넘어갈 수 있었는지 너무 어이가 없었어요. 이 사람들도 그렇지만 그냥 넘어간 담당 공무원도 이해가 안 되는 거예요.

담당 공무원을 직접 찾아가서 지원금 나간 거에 대해서 관리·감독을 왜 제대로 안 하냐고, 이렇게 말이 안 되는 서류를 냈는데도 왜 전혀 점검하지 않았냐고 물었어요. 그랬더니 너무 적은 금액이고 난방비나 식료비로 나가서 꼼꼼하게 보지 않았대요. 금액이 적으면 세금 아니에요? 것보다 몇 천만 원이 적은 돈이에요? 본인이 일을 안 해놓고 하는 변명이 그거였어요. 학교운영비 수준이면 영수증도 몇 십 장밖에 안 돼요. 간이영수증 같은 건 금방 눈에 띄는데 전부 그냥 넘어간 거죠.

쳉타쿠 판결은 어떻게 났나요?

장정숙 횡령으로 신고했는데 검찰에서는 '사기'라고 하더라고요. 판결도 사기로 났고.

지원금 4억에 자부담금 2억, 총 6억으로 영화를 제작한다고 했는데, 처음부터 2억이 없었잖아요. 근데 지원금을 받으려면 자부담금 2억이 있는 걸 보여줘야 하니까 다른 사람한테 돈을 빌려서 2억이 있는 것처럼 하고 그 사람한테 돌려줬었어요. 이걸 근거로 사기죄가 됐어요. 감독은 사문서위조죄까지 받았고.

챙타쿠   사문서위조는 뭔가요?

장정숙   2억(자부담금)은 원래 없었고 지원금 4억 중에 1억을 횡령했으니까 3억으로 영화를 찍었단 말이에요. 찍다 보니 제작비가 부족해져서, 감독이 영화진흥위원회에 '인건비 지원'을 신청하자고 했어요. 영진위에서 인건비 일부를 지원해주는 거예요. 3개월 동안 촬영한다고 하면, 첫 달은 회사에서, 두세 번째 달은 영진위가 지원해주는 거죠. 저는 반대했는데도 감독이 계속 신청하자고 했어요. 그때는 이미 3억으로 인건비까지 지급한 상태였고, 감독이 영진위 돈을 영화 제작하는 데에 쓰려고 했거든요.

그 돈을 받으려면 영진위 규정대로 인건비 계약서를 쓰고, 돈을 지급했다고 입금표를 제출해야 해요. 한 달 기준 최소 150만 원 이상 주고, 4대보험도 처리해야 하는데 스태프가 몇 십 명이나 됐어요. 그거 하나하나 서류 작업하는 것도 벅찬데 입금표 만들려면 스태프들 통장에 진짜로 돈을 입금해야 하잖아요. 입금한 다음에는 연락해서 돈을 돌려달라고 해야 하고. 그래야 그 돈을 제작비에 쓰니까.

영진위에서 실사도 나오는데, 그럼 그 정보를 미리 받아서는 서울에 있는 사람들을 다시 안동으로 불러모은 다음에 촬영하는 척해야 하는 거예요. 여러모로 번거롭고 힘들 것 같아서 안 하겠다고 했는데, 감독이 자기가 아는 세무사에서 해결하면 된다면서 억지로 신청하더라고요.

챙타쿠 제가 스태프면 안 돌려줄 것 같은데요?

장정숙 그렇죠. 임금체불 일부가 여기서 생겼어요. 첫 달은 회사에서 인건비를 지급해야 했으니까 입금 기록을 만들어야 하잖아요. 스태프들한테 제 개인 돈까지 합해서 인건비(영진위의 지원금을 받기 위해 허위로 작성한 계약서에 따른 임금)를 지급했어요. 이제 이걸 돌려받아야 하는데 몇 명한테 못 받았죠. 나쁜 건 제가 사비까지 넣어서 서류를 만들었는데, 감독은 이 돈을 어디 놀러 가고, 맛있는 거 사 먹고, 자식한테 뭐 사 주는 데 썼다는 거예요. 그러고는 정산할 때 모자라면 이거 쓰라고 영수증을 툭 던져주고 가더라고요.

챙타쿠 아….

감독은 징역 6월·집행유예 1년, 대표는 징역 10월·집행유예 2년을 선고받았고(교장은 재판 중 사망하여 공소기각), 구속수사를 받은 대표는 얼마 되지 않아 보석으로, 감독은 5~6개월 정도 후에 나왔다. 여기서 끝나면 좋았으련만 이들은 구속에도 놀라울 정도로 똑같았다.

구속은 거들 뿐

장정숙　사실 이 사람들이 조사받고 구속되면 정신을 차릴 줄 알았어요. 근데 또 지원금을 받았더라고요. 이 사람들도 이해가 안 되지만 공무원들도 도저히 이해가 안 돼요.

그랬다. 〈왓니꺼〉 촬영이 있었던 게 2012년, 개봉이 2014년. 조사는 2015년부터 이루어졌는데, 2014년 경상북도, 대구시, 경산시에게 총 6억을 지원받아 〈갓바위〉라는 영화를 만들었던 것이다.

경산의 어떤 절에 있는 '갓바위'를 소재로 영화를 만들어 해당 절을 관광명소로 만들자는 취지였던 듯한데, 정작 완성된 영화는 도움은커녕 마이너스가 되는 내용이었다. 당시 기사에선 〈갓바위〉에 대해 이렇게 표현하고 있다.

"내용상 '갓바위'와의 연관성을 전혀 찾아볼 수 없고, 난투극과 납치, 성폭행 시도 등 낯뜨거운 장면이 속출한다."

장정숙　〈갓바위〉에도 문제가 많았어요. 영화계 관례상, 임금이 가장 높은 감독이나 주연이 이만큼 받을 때 그 밑에 사람들은 어느 정도 받을 수 있는지가 대충 정해져 있고, 어떤 업체하고 계약할 때 얼마 드는지도 대충 정해져 있어요. 근데 여기선 음악감독 인건비가 3000만 원인가로 책정되어 있더라고요. 감독보다 더 많은 돈이었어요. 상식적으로 음악감독이 감독보다 더 많이 받는 게 말이 안 되잖아요. 또 메이킹 필름을 3D카메라로 찍었다는 거예요. 본 영화를 일반 카메라로 찍으면서 홍보할 때만 쓰는 메이킹 필름을 3D카메라로 찍었다는 거죠. 그 무겁고 기동성도 없는 장비를, 그것도 산에서. 그 3D카메라를 〈갓바위〉의 피디가 소속된 회사에서 대여한 것처럼 계약서를 썼더라고요. 이것 말고도 조명장비 대여를 계약한 회사가 알고 보니 미용기기업체이기도 했어요. 하나 특이했던 건 〈왓니껴〉 때 자부담금 2억을 만들 수가 없어서 있는 것처럼 꾸몄잖아요. 〈갓바위〉에서는 자부담금이 몇천만 원 단위로 내려갔더라구요.

저는 이게 횡령이 확실하다고 생각해서 신고했는데, 입증하기가 힘들어서 무혐의가 됐어요.

역시 불법만큼 성실한 건 없다. 얼마나 성실하냐면 〈갓바위〉조차도 끝이 아니었다.

장정숙　〈왓니껴〉 조사가 2015년 3월부터 들어갔는데, 같은 해에 〈쇠파리〉라는 영화를 찍는다고 대구에서 지원금을 또 받았어요. 이건 기획서부터 터무니가 없어요. '1만 명 정도의 관객을 동원하겠다'고 하던데, 1만 명이면 본전도 안 되는 거거든요. 이 부분을 제 페이스북에 올렸더니 영화인들이 다 어이없어하더라고요.

재미있는 건 1만 명이 부풀린 숫자일 수 있다는 거예요. 〈왓니껴〉가 전국 열 몇 개 관에서 상영했었는데 1000

명도 안 들었거든요. 〈갓바위〉는 절에서 제목 바꾸라고 해서 제목 바꾸고 재편집한 뒤에 대구의 몇 개 관에서 개봉했었는데, 정확히는 모르겠지만 몇 백 명 정도밖에 안 들었을 거예요. 〈왓니껴〉도, 〈갓바위〉도 안 됐으니까 이게 그나마 부풀린 걸지도 몰라요.

챵타쿠   1만 명이면 제 눈에도 소박한데요?

장정숙   그러니까 공무원들한테 화가 나는 거예요. 아무리 '지역 육성' 같은 취지가 있다고 해도 사람이 거의 안 드는 영화에 몇 억을 지원한다는 게 말이 안 되잖아요. 지원금이 나가면 창출되는 뭔가가 있어야 하는데 그것도 없어 보이고, 구속되어 있는 사람한테 똑같은 사업으로 또 돈을 주다니, 이건 옛다 먹어라 하고 몇 억 던져주는 거잖아요.

도대체 신청을 어떻게 받았는지가 궁금해서 담당 공무원한테 '공모를 통해 받았나'고 물었어요. 아니래요. 그러면 이 사람들이 어떻게 알고 신청한 거냐고 그랬더니 시청 홈페이지 들어가서 어디를 보면 나온다는데…. 저는 공모가 아니니까 더 유착이 되었다고 생각할 수밖에 없는 거예요. 계속 이분들만 들어가면 서류를 이렇게 허술하게 해도 통과가 되니까.

쉽게 지워지지 않는 상처

쳉타쿠　　　그 후에 어떻게 지내셨나요?

장정숙　　　장편영화는 몇 년 동안 못 하고 있고, 다른 영화도 잘 안
　　　　　　돼서 계속 힘들었어요.

쳉타쿠　　　그쪽에서 가만있었을 것 같지 않은데.

장정숙　　　대표가 보석으로 나온 지 얼마 안 됐을 때, 저한테 와서
　　　　　　는 그러더라고요. '자기가 검찰조사 받은 게 소문이 나서
　　　　　　사람들이 무슨 상황이냐고 물어본다, 자기 단체가 존폐
　　　　　　위기다, 난 대표 자리에서 물러나야 할 처지다.' 동시에
　　　　　　저한테 자기 단체의 고문 같은 자리로 부를 테니까 더 들
　　　　　　쑤시지 말라고 회유하기도 하고.
　　　　　　　감독은 저에 대해 나쁜 말을 하고 다니는 것 같았어요.
　　　　　　자기가 한 일은 생각도 안 하고 영화인들이 많이 모인 곳
　　　　　　에 다니면서, 저랑 같이 다니기라도 하는 사람한테 물어
　　　　　　본대요. "너 장정숙하고 친하냐?"고. 같이 놀지 말라는
　　　　　　거잖아요. 덕분에 완전 왕따 당했죠. 친하다고 생각했던
　　　　　　사람이 저한테 뭐라고 한 적도 있어요. 억울해서 제가 당
　　　　　　한 얘기를 하면 그건 안 듣고 싶다고 하고.

쳉타쿠　　　가깝던 사람이 그랬다면 더 상처였겠네요.

장정숙 제가 잘리기 전에 상담 겸 위로를 받을까 해서 친했던 선배한테 이 얘기를 한 적이 있어요. 근데 그 선배가 그냥 그 돈 안 받은 셈 치라더라구요. 6개월 이상 일했으니까 실업급여라도 받으려고 알아보고 있다니까 그것도 하지 말래요. 조용히 있으라고. 친했던 사람이 이렇게 말할 줄은 몰랐는데, 위로해줄 줄 알았던 사람들이 가시 돋친 말을 하니까 더 상처였어요.

그나마 제 생각 해주는 분들도 영화계 현실을 아니까, 저만 다치니까 하지 말라고 말렸어요. 잘했다고 하는 사람은 엄청 적었어요. 이런저런 일이 있으니까 저도 이제 영화 일은 못 하게 될 것 같다고 생각했죠. 영화계를 떠나야 할 것 같고.

챙타쿠 생활도 녹록치 않았을 것 같은데요.

장정숙 그해 겨울인가 집 차단기가 내려갔어요. 정말 어쩌다 내려갔던 건데, 월세를 밀리고 있던 상황이라 집주인이 전기를 끊은 거라고 착각했어요. 차단기 내려갔으니 한겨울에 방은 냉골이고 냉장고 안에 음식은 다 썩어서 물이 흘러나오더라고요. 결국 본가로 내려갔어요.

몸도 안 좋아서 내가 이 일을 계속할 수 있을까 싶더라고요. 영화 일은 현장에서 계속 서 있어야 하고 밤새는 일도 많거든요. 육체적으로 힘든 일인데 체력이 도저히 안 될 것 같은 거예요. 뿐만 아니라 정신적으로도 힘들었고, 너무 우울했어요. 다른 일을 하기에는 나이가 많은데 어떻게 하나, 내가 이렇게까지 쓸모없는 인간이었나 싶고.

몇 달 동안 힘들게 지내는데, 어느 날 지인 분이 보름 정도만 촬영하는 걸 도와달라고 하더라고요. 그렇게 다시 서울에 왔어요. 그 일 하면서 조금 회복된 것 같다가도 또 안 좋아지고 그랬어요. 〈왓니껴〉 이후로 몇 년 동안 여러모로 힘들었던 거죠.

챙타쿠 많이 힘드셨겠네요.

장정숙 심리치료도 받았어요. 안동지검에서 조사받을 때, 〈왓니껴〉 촬영 당시에 적었던 메모지며 작업했던 파일, 메일 주고받았던 것을 싹 제출했어요. 그러느라 그때 기억을 다 곱씹었는데, 그게 정말 힘들더라고요. 촬영하는 동안에도 불화나 문제가 많아서 마음고생 많이 했었거든요. 조사받기 직전에 했던 영화가 잘 안돼서 우울증이 좀 있는 상태였는데 몇 년 전 가장 안 좋았던 기억을 떠올리니까 상태가 더 안 좋아졌어요. 그래서 치료를 받았죠. 예술인복지재단 통해서 한 교수님을 소개받았는데, 그분이 도움을 정말 많이 주셨어요. 친한 사람들한테도 제 얘기를 못 하던 상황이었는데 얘기를 많이 들어주셨어요. 그분이 저한테 대단하다고, 혼자 힘으로 신고해서 구속까지 시킨 건 참 대단한 거라고 칭찬도 해주셨어요. 그분 아니었으면 이렇게 빨리 회복이 안 됐을 거예요.

담담한 말투였지만, '담담하다'는 게 곧 '지금은 그 상처를 다 털어냈다'는 뜻은 아니다. 아마 근본적인 문제가 해결되지 않는 이상 어디까지나 '괜찮아지는' 것이지, 완벽한 회복은 없을 것이다.

해야겠다고 생각했기에

쳉타쿠   당시로 돌아간다고 하면 또 제보하실 생각인가요?

장정숙   그럴 거 같아요. 몇 년 동안 여러모로 힘들고 고통스럽긴 했는데, 아픈 만큼 성숙해진다고 그 과정을 지나왔기 때문에 좀 더 나은 인간이 되지 않았나 싶어서요.

쳉타쿠   주변 사람이 제보하겠다고 하면 어떻게 하실 건가요?

장정숙   최대한 도와드리고 싶어요. 저번에 어떤 분이 저랑 비슷한 일을 신고하고 싶다고, 어떤 서류가 필요하냐고 물어보시더라고요. 도와드릴 수 있으면 도와드리는 게 좋겠다 싶어서 자세히 알려드렸죠. 가까이 계시면 가서 도와드리고 싶었는데 멀어서 전화로만 알려드렸어요. 그게 좀 아쉽더라고요.

쳉타쿠   마지막으로 하시고 싶은 말씀이 있다면.

장정숙   가해자들은 뻔뻔스럽고 떳떳하게 잘 살고 있는데 정작 피해자는 동료들에게 따돌림을 당하고, 숨죽이고 살잖아요. 2차 피해, 3차 피해 입으면서 죽은 것처럼 지내야 하는 게 사회에 만연해 있는 것 같아요. 저 같은 경우도 남은 거라고는 국민권익위원회에서 받은 시계 하나밖에 없는데, 이 사람들은 지금 더 잘 나가고 더 잘 살고 있거든요.

이런 분위기는 바뀔 필요가 있다고 봐요. 꾸준하게 해 먹는 분들은 어디에나 있어요. 그러니까 저는 모든 사람이 주변의 적폐와 싸웠으면 좋겠어요. 미투 운동도 보면 권력을 가진 사람이 오래전부터 나쁜 짓을 해왔는데 피해자들이 구조적 문제로 말 못하고 있었던 거잖아요. 옆에는 그걸 방관하는 사람들이 있었고. 이런 것도 양산되는 거거든요. 잘못을 잘못이라고 말할 수 있을 때 문제가 없어진다고 생각해요. 이젠 눈감고 넘어가지 말고 잘못을 말할 수 있는 풍토가 되었으면 좋겠어요. 저는 이제 사람들이 좀 싸웠으면 해요. 잘못된 걸 잘못되었다고 말하는 게 정당한 거니까요.

장정숙 피디는 인터뷰 장소에 '방대하다'고 말할 수 있을 정도로 많은 양의 서류를 들고 왔다. 그리고 그 서류를 일일이 뒤지면서 자신이 밝혀내고 찾아낸 일을 하나하나 설명했다. 꽤 복잡한 사건을 처음 듣는 나도 이해할 수 있게 쉽게 일러주었다.

그제야 알았다. 이 복잡한 사건을 혼자 힘으로 알아내서, 정리하고, 신고까지 하기 위해선 나에게 보여준 것보다 훨씬 많은 양의 조사를 해야 했다는 것을. 그 과정에서 안 좋은 기억을 억지로 복기해야 했고, 우울감을 참아내야 했으며, 터지는 울분을 애써 죽여야 했다. 주변에서 따돌림까지 당했으니 외롭기도 했을 것이다.

"저는 남들이 뭐라고 하든 내가 해야겠다고 생각하면 하는 성격이에요. 영화 일도 그렇고 공익신고도 그렇고, 약간 돈키호테처럼? 그래서 신고까지 했던 게 아닐까."

하지만 '당연해서' '그럴 수밖에 없어서' '가만있을 수 없어서' 장정숙 피디는 공익제보를 했고, 공익제보자로서의 삶을 이어가고 있다. '해야겠다'고 생각했기 때문에.

군납비리와 맞짱 뜬
해군의 양심

◈ 김영수 편

"제가 공익제보에서 그치지 말고 연결을 시켜야 한다고 주장하는 거예요. 공익제보자도 먹고살 수 있어야 하니까. 사회에서 단절되지 않게요."

한 해군 소령이 군납비리를 목격한다. 공개입찰로 진행해야 할 계약이 여러 개로 쪼개져, 특정 업체에 수의계약으로 돌아갔다. 군 납품가는 시중가보다 높았다. 그가 파악한 군 예산 낭비액만 10억가량 됐다.

그는 군 체계에 따라 문제제기 했다. 2006년 해군 헌병대대, 2007년 군 검찰단, 2008년 해군 헌병단. 3차례나 내부 조사를 했음에도 '혐의 없음'으로 사건은 은폐된다. 그러는 사이, 그는 배신자로 낙인찍혀 폭언, 따돌림, 인사상 불이익을 당한다.

2009년, 그는 제복을 벗을 각오로 MBC 〈피디수첩〉에 출연한다. 사건이 세상에 알려지고 나서야 관련자 몇이 처벌됐다.

그 이야기가 사람들의 기억에서 서서히 잊혀져갈 때쯤, 그는 전역을 하고 새 삶을 시작했다.

이제는 공익제보자가 아니라 공익제보 전문가로 제보 상담과 컨설팅을 하는 김영수 전 소령, 현 국방권익연구소 소장을 만났다.

군인이 되고 싶었던 아이

코코아 흔히 군인 하면 육군을 생각하잖아요. 해군이 된 이유가 있나요?

김영수 제가 시골에서 학교를 다녔는데 형편이 되게 어려웠거든요. 어차피 대학은 못 가니까 직업군인이 되려고, 육군

부사관 장학생으로 고등학교를 다녔어요.

코코아 공부를 잘하셨네요?

김영수 정고라고, 면 단위 고등학교를 나왔는데 거기 남자들 중에 제일 공부를 잘했어요.

코코아 키도 제일 컸을 거 같은데….

김영수 네.(웃음) 키도 크고. 초등학교 때 축구부를 했거든요. 학교에서 리더 역할도 했죠. 여학생들한테 인기도 많고. (웃음)
  부사관으로 가야 하는데, 욕심이 생기더라고요. 이왕 군인 하는 거, 그래도 사관학교잖아요. 공부를 엄청 열심히 했죠. 시험 기간에는 집에 안 가고 교실에서 매트 깔고 자기도 했어요. 집에 가면 농사일을 해야 하니까.

코코아 되게 독하게 하셨네요.

김영수 그거 말고는 방법이 없으니까요. 결국 육사 성적은 조금 안 됐고, 공사는 고소공포증이 있어서 생각을 안 했고, 해사를 가게 됐죠.

코코아 배 타려고요?

김영수	배 탈 생각은 없었어요. 해병대 가야죠. 해군사관학교 졸업생 130명 중 30명 정도 해병대를 가요. 비행기 20명, 나버지는 배.
코코아	부사관을 하다가 다시 해사로 간 건가요?
김영수	아뇨, 부사관 가기로 하고 장학금을 받았는데, 해사 합격을 한 거예요. 우리 학교가 생긴 이래 최초로 사관학교 합격생이 나왔는데 육군하사 영장이 나온 거예요.
코코아	아아. 동시에.
김영수	교장 선생님이 31사단을 찾아가서 빼달라 애원하고 난리가 났죠. 사단장은 못 빼준다 했고. 절충점을 찾은 게 다른 사람을 보내라는 거였어요.
코코아	대립되는 인물을….
김영수	제가 받은 장학금을 친구한테 주고 저는 사관학교 갔어요. 돈이 없어서 아버님 돌아가신 다음에 받은 부조금으로 장학금을 돌려줬다고 하더라고요. 정말 어렵게 해군사관학교 간 거죠.
코코아	사관학교 생활은 어땠나요?

김영수   해사에서도 축구부를 했어요. 축구 했다는 사람은 있어도 골키퍼는 많지 않잖아요. 저는 골키퍼를 전문적으로 배웠으니까 인재가 된 거죠. 운동부하고 일반생도는 생활이 완전히 달라요. 따로 생활하고, 아침부터 운동하고 수업 듣고 또 운동하러 가고.

코코아   운동부에 생도 교육까지 받은 거네요.

김영수   네. 운동하고 운동 끝나면 맞고. 야구 배트로 맞았는데 30~40대씩 맞았어요. 매일 뛰고 구르고. 지옥 생활을 한 거죠.

코코아   그렇게 축구해서 어디 써먹는 건가요?(웃음)

김영수   육사, 해사, 공사가 붙는 대회가 있었거든요. 거기 우승하는 게 목표였죠. 제가 선배들 제끼고 1학년 때부터 4학년 때까지 주전을 했는데요, 4년 중 3년을 우승했어요.

코코아   오오.

김영수   결국 해병대는 많이 다쳐서 못 갔어요. 승부욕이 강해서 무리하다가 무릎 연골이 다 나갔거든요. 그래서 군수 병과를 받고, 계룡단에 가게 된 거죠.

자체정화 시스템이 정지된 군대

코코아　〈피디수첩〉 제보 전에도 내부에서 여러 번 제보하셨잖아요.

김영수　3년 반 동안 절차에 따라 문제제기 했어요. 전부 다 묻혔죠.

코코아　처음 얘기했을 때는 어땠나요?

김영수　그땐, 어렵게 생각 안 했어요. 쉽게 받아들일 줄 알았죠. 너무 명백하니까. 제가 담당 과장이었는데 그 위에 중령 처장이 문제였어요. 그래서 그 위에 참모장한테 얘기했죠. 내 말이 맞다는 거예요. 고쳐야 된다고. 그 위에 원스타 단장한테까지 보고를 했어요. 그걸로 저는 끝났다고 생각했죠.

코코아　아주 순조로운 과정이었네요?

김영수　처음에는 그랬죠. 두 세달 지났나? 갑자기 절 치는 거예요. 근무평점 E등급을 맞았어요. E면 빵점이거든요. 그럼 제가 진급을 못 하니까, 뒤통수를 친 거죠. 나중에는 회의 중에 저한테 막 쌍욕을 하기도 했어요.
　　사실 신사협정을 했었어요. 계룡단 부임하기 전부터

문제가 많다는 걸 알고 있었거든요. 부임하고 잘못된 것들 확인하고 제가 얘기했던 게 이거예요. 과거의 잘못을 문제삼지 않겠다. 단, 나는 그렇게 안 하겠다.

코코아   해오던 방식을 거부하겠다?

김영수   그렇죠. 나는 정상적으로 하겠다는 거죠.

코코아   이유는요?

김영수   이런 일로 걸리고 싶지 않았거든요. 군에서 제 나름대로 욕심이 있었어요. 동기들이 그랬거든요. 떨어지는 낙엽만 조심하면 진급은 걱정할 거 없다고. 나름대로 평판이 좋았거든요. 선후배들한테.

코코아   비리로 발목 잡힐 수 없다?

김영수   그럴 이유가 없었죠. 근데 뒤통수를 맞은 거예요. E평가를 또 받으면 옷을 벗어야 돼요. 그래서 제대로 문제제기를 시작했죠. 불러서 이야기도 하고, 협박도 하다가 안 되니까 저를 쫓아내더라구요. 해군본부로.

아주 특별한 이유가 있었던 게 아니다. 김영수 소령은 범죄에 가담하고 싶지 않아 거절했고, 그는 어느새 공익제보자가 돼 있었다. 말하자면, 범죄 공동체에 함께하지 않았다는 죄목인 셈이다.

코코아   해군본부에서는 보직이 뭐였나요?

김영수   없어요. 못 받았어요.

코코아   보직이 없어요?

김영수   네. 해군본부로 가기만 한 거죠. 직책을 못 받았어요. 그러니까 멍하니 있었죠.

코코아   업무는요?

김영수   업무도 안 줘요.

코코아   출근해서 가만히 있는 건가요? 사무실에서?

김영수   예, 책상도 안 줬어요. 책상을 행정병하고 같이 썼어요. 행정병이 앉아 있으면 내가 갈 데가 없는 거예요. 보직 안 주고, 왕따 시키고 사람 취급을 안 하고.
　그땐 정말 견디기 힘들었죠. 그래서 옥상 가서 주로 담배 피우고, 눈치 보고, 회식에도 안 껴주고, 일도 안 주고. 피를 말리는 거죠.

코코아   이전 부대에서 어떻게 전출된 건지 다 알고.

김영수   그럼요. 군 생활은 거의 끝난 거였어요. 근무평점 E등급에 이전 부대에서 쫓겨났으니 진급 대상 자체가 안 되는 거예요. 자존심이 엄청 상했죠. 나름대로 자부심을 가지고 살았는데 제 자존심을 완전히 다 깨버린 거잖아요. 그래서 제가 전면전을 선언했죠. 이제 가만 안 둔다. 과거에 있었던 사건, 그동안 해군에 있었던 모든 비리를 추적하기 시작했어요. 제 돈을 들여서.

코코아   그때가, 전역 이후인가요?

김영수   해군대학에서요. 선배가 전역하면서 한 자리가 비어서 제가 가게 됐거든요.

코코아   직책은요?

김영수   교관.

코코아   그것도 좌천인가요?

김영수   그 자리가 보통 진급 못 한 소령이 마지막으로 가는 자리예요. 뭐, 좌천이라면 좌천이죠.

코코아 그냥 전역해버려야겠다, 이런 생각은 안 했어요?

김영수 많이 했죠. 진급은 해군본부로 발령 나기 전에 포기했어요. 그때 끝난 거예요, 모든 건. 그때부터 진급은 신경 안 쓰고 바로잡아야겠다고 생각한 거죠.

코코아 흔히 '포기하면 편해'라고 하잖아요. 더 어려운 길을 택하셨네요.

김영수 제 자부심을 건드리고 제가 살아온 삶을 망가트렸잖아요. 가만있을 수 없었죠.

자부심.

코코아 자료는 어떻게 모았나요?

김영수 얘네들이 해먹으면, 꼭 불만을 가진 사람이 나와요. 예컨대 진급 비리가 있으면 꼭 피해자가 생기잖아요. 본인이 직접 못 싸워도 저한테 정보를 줘요. 그 퍼즐을 모으다 보면 그림이 나와요. 그렇게 사람들이 도와주는 거죠. 해군 내에서 적극적 후원자가 많았어요.

코코아 대학에서는, 해군대학 교관으로 계실 때는 괜찮았나요?

김영수   저는 요주의 인물이었죠. 특히 수업을 많이 신경 썼어요. 교관 평가가 좋아야 시비거리가 없거든요. 심지어 집에 안 들어가고 강의 준비를 했어요. 일주일에 두 번 들어갔나?

코코아   어렸을 때처럼. (웃음)

김영수   네. (웃음) 제 강의 평가가 되게 좋았어요. 40~50명 중 5등 안에는 항상 들었어요. 처음에는 저를 쫓아내려고 했는데, 안 되는 거죠. 특별한 문제가 없으면 교관 보직은 2년간 보장해줘야 하거든요. 제 점수가 높으니까 어떻게 할 수 없는 거죠.
     그리고 국민권익위원회에 공익제보 하고 신분보장을 신청해뒀어요. 혹시 저를 치면 문제가 생기게끔 만들어둔 거죠.

큰 그림을 보며 자료를 모으고 꼼꼼하게 준비하고 나서야, 김영수 같은 '폭탄'은 딴 부대로 보내라는 요구 속에서도 살아남을 수 있었다.

코코아   국민권익위원회에 제보한 것도 무마된 건가요?

김영수   네. 권익위에서 국방부에 문제 있는 사건이라고 통보했고, 국방부가 조사를 하긴 했어요. 내부에서 은폐하려고 했는데, 국방부 검찰단에 말 안 듣는 검사가 하나 나타난 거예요. 고등검찰부장이었던 ㅁ검사가 갑자기 수사를 해버린 거예요.

코코아　은폐하려던 것을….

김영수　계좌추적을 정말로 해버린 거예요. 2009년 2월에 비리 관련자 8명 계좌를 추적했어요. 가족까지. 저도 특별수사단에서 같이 일했어요. 계룡대에서 같이 비리 찾았던 병사도 전역했었는데 불러서 같이 조사하고. 거기서 비리가 다 드러난 거죠.

코코아　잘 풀렸는데 이것도 은폐됐나요?

김영수　제가 과장이었을 때 담당자가 상사였는데 그 사람 차명 계좌가 드러난 거거든요. 거기서 진급 비리 브로커도 나오고 윗선도 다 나온 거예요. 근데 이 상사가 스트레스를 핑계로 정신병원에 입원해요. 그렇게 수사가 막히고, 검찰단 검사도 구속돼버려요.

코코아　그 계좌추적 한 검사요?

김영수　네. 다른 사건을 수사하다가 군 법무관 출신 변호사한테 밥값을 받았는데, 그게 뇌물로 잡혀서 구속되죠. 저는 작전을 세워서 보낸 거라고 봐요. 그러니까 수사 의지가 있었던 부장검사는 구속됐고, 핵심 인물 상사는 정신병원에 가고. 수사가 멈춰버리죠.

한 해군 장교의 양심선언

김영수   내부에서 해결이 안 되니 언론사를 만나러 간 거죠.

코코아   〈피디수첩〉을. 아, 〈피디수첩〉 마지막 장면이 부대 복귀하는 걸로 끝나잖아요. 그날 무슨 일이 있었는지 궁금했어요.

김영수   해군 헌병대에서 저를 체포하려고 했죠.

코코아   언론활동 했다는 이유로요?

김영수   잡아놓고 이유는 뭐든 댔겠죠. 근데 국방부에서 막았어요. 반향이 컸죠. 실은 짐을 다 싸놨었어요. 옷 벗을 각오를 하고, 당연히 체포할 줄 알았어요. 과거에도 그랬으니까.

코코아   여론이 큰 도움이 됐네요.

김영수   예. 여론이 살려준 거죠. 그다음 날 수사가 시작됐는데, 제가 없으면 안 되잖아요. 〈피디수첩〉이 정말 방송을 잘 만들었어요. 방송 마지막에 정옥근 참모총장이 나오잖아요. 그게 우연히 이뤄진 게 아니에요. 방송 날짜가 10월 13일 저녁 11시였는데, 정옥근이 답변한 국정감사가 13일 오전 10시에 있었어요.

코코아   아. 준비했던….

김영수   네. 사전에 의원실하고 최승호 피디님이 다 이야기한 거예요. 질문해달라고. 아침에 질문하고 그게 저녁에 따끈따끈하게 나온 거죠. 총장이 거기에 나오면서 김영수와 총장의 대립으로 재밌는 그림이 됐어요.

코코아   그렇죠. 구체적인 인물이 나오고 워딩이 있으면 확실히 다르죠. 좋은 전략이었네요. 이슈가 안 되면 싸우기 힘들다는 판단도 있었겠죠?

김영수   그렇죠. 최승호 피디나 정재용 작가가 정말 대단했어요. 다른 곳에서 만들었으면 고발은 할 수 있었겠지만, 임팩트는 없었을 거예요. 사실 A 신문을 먼저 만났었어요. 기사 다 쓰고 인쇄만 남겨둔 상태였는데 멈춰버렸어요.

코코아   빠진 건가요?

김영수   외압이죠. 외압을 받았다고 하더라구요.

코코아   A 신문이면 메이저 언론인데요? 군대 파워가 그 정도인가요?

김영수   국방부 파워라고 봐야죠. 그다음엔 B 신문을 갔어요. 거기 기자가 엄청 관심 가졌어요. 자료도 다 줬는데 거기도 안 하더라고요. 처음엔 좋다고 하지 않았냐 했더니 어쩔 수 없다고 했어요. 또 외압이죠.

코코아   B 신문도 주류인데?

국내 열 손가락 안에 드는 언론사 두 곳이 제보자와 증거까지 완벽한 아이템을 차버렸다.

김영수   나중에 A 신문 기자가 최승호 피디를 소개시켜줬어요. 우리는 못 하지만 〈피디수첩〉은 할 수 있을 거라고.

2009년 8월쯤에 MBC 앞에서 최승호 피디, 정재홍 〈피디수첩〉 메인작가, 김환균 피디를 만났어요. 처음엔 〈피디수첩〉에서도 못 믿겠다고 했어요. 사고 친 거 아닌가 생각했던 거 같아요. 취재하면서 다 검증했죠.

〈피디수첩〉이 빵 터지면서 특별수사단이 생겼어요. 듣기로는 청와대 지시래요. 조사를 잘 했는데 문제가 생긴 거예요. 너무 많은 게 드러나서 감당이 안 되는 거죠.

못 찾아서가 아니라, 조사를 잘 해서, 너무 잘 찾아서 문제가 생겨버렸다.

김영수 좀 복잡한 군 검찰 내부사정이 있었는데, 법무관이 두 종류가 있거든요. 법무관 시험과 육사. 둘이 알력 싸움이 심해요. 2002년 대선 때 이회창 후보 아들 병역 비리가 핵심이슈였잖아요. 육사 출신은 이회창한테 붙었고, 법무관들은 노무현한테 붙었어요. 그때 이 후보 아들 병역 자료가 검찰단 케비넷에 있었어요. 한쪽은 그걸 막고 한쪽은 까려고 하고.

코코아 결국 까졌죠.

김영수 네. 노무현 대통령이 당선되면서 법무관 출신들이 실세가 된 거예요. 육사는 작살나고, 핵심 인물인 고석 장군도 합참으로 좌천됐어요. 이명박 정권으로 바뀐 이후에 육사가 재기를 노리고 있었는데 제 사건이 딱 터진 거죠. 고석 씨가 저를 불러서 "김영수, 비밀 노트 줘라, 내가 쳐줄게"해서 노트를 줬죠. 제가 수사팀한테 브리핑도 하고. 그 결과로 군납 비리, 시설공사 비리, 진급 비리, 방산 비리를 잡았어요. 정옥근 STX 비리도 그때 시작한 거예요.

인자한 미소로 해군의 미래를 걱정하던 정옥근 전 해군참모총장

은 방산업체 STX에 아들 회사를 후원해달라는 청탁이 들통나
제3자 뇌물죄로 징역 4년형을 받았다.

김영수   그걸로 육사가 다시 실권을 잡았고. "너 수사받을래?
옷 벗을래?" 해서 여럿이 옷 벗고 나갔죠. 근데 하다 보
니 너무 많이 나온 거예요. 그때부터 다시 덮기 시작한
거죠.

코코아   큰 흐름이 있었네요.

김영수   사건 끝나고 제가 김태영 장관을 만났거든요. 결과 발표
가 오후 2시고, 만난 게 오전 11시였어요. 김태영 장관이
그러더라구요. 미안하다고. 발표는 군납 비리만 할 거라
고. 진급 비리는 언급을 안 한 거죠.
     그래서 제가 조건을 걸었어요. 알겠다. 대신 전역 이후
에 기무사 동원해서 나를 괴롭히지 마라. 아니면 내가 수
사한 비리 계좌를 다 까버리겠다고.

코코아   전략적으로.

김영수   살아야 하니까요. 장관한테도 그랬어요. 제가 계좌랑 자
료 가지고 있는 건 아시죠? 안다고 그러더라고. 더 문제
안 삼을 테니 이 정도에서 끝내자고 했죠.

코코아	그렇게 어느 정도 복수에 성공했고….

김영수 복수라기보다는 진짜 바꿔야 될 것들이 많았어요. 바꾸고 싶었어요. 옛날부터 많이 느꼈으니까. 물론 부족하긴 하죠. 실체가 다 밝혀진 것도 아니고. 그냥 깃털만 건든 거예요.

코코아 그렇죠.

김영수 그래도 시작은 했잖아요. 조금씩 바꿀 수 있다고 생각해요. 가장 중요한 건 돈 주고 진급을 파는 건 꽤 없어졌단 말이에요. 매관매직은 절대 해서는 안 되는 거거든요. 저는 만족해요. 물론 다 잡았어야 했는데 그건 제 혼자 힘으로 할 수 있는 일은 아니었던 거 같아요.

사람의 자존심

코코아 군대라는, 엄청난 조직과 싸우고 있잖아요. 어떤 마음으로 싸우는 건가요?

김영수 예전에 내부보고서를 하나 본 게 있어요. 헌병이 저에 대해 쓴 보고서인데, 그 보고서를 보면 김영수는 완전히 망나니예요. 맨날 후배들 갈취하고 나쁜 짓 하는 사람으로 돼 있더라고요. 동기들이랑 사이도 안 좋고. 사람 하나를 완전히 인간말종으로 만들어놓은 거예요.

코코아 아.

김영수 진급은 다 포기했으니까 안 해도 좋다. 근데 최소한 군생활을 그렇게 한 사람은 아니다, 내가 독하게는 살았지만 다른 사람 괴롭히고 등쳐먹고 살진 않았거든요. 그게 자존심이 무지 상하더라고요.
　제 자존심을 챙기고 명예를 회복하려면 쟤들이 얼마나 나쁜 놈인지 입증해야겠더라고요. 그렇게 싸움을 시작한 거죠. 죽기밖에 더 하겠냐는 심정으로.

코코아 어렸을 때 독한 모습이 여기서 다시 또 나오네요.(웃음)

김영수 저 독해요.(웃음) 운동선수였고 사관학교도 겪었기 때문에 쉽게 안 흔들려요.

코코아 상대방 입장에서도 진짜 독하다고 생각했을 거 같아요.

김영수 그렇죠. 드러운 놈이 걸린 거죠.

코코아 싸움을 하는 사람은 있어도 끝까지 싸우는 사람은 드물잖아요. 더 힘드니까.

| 김영수 | 처음 몇 년은 제가 당했죠. 당해보니까 왜 당하는지 알겠더라고요. 다신 순진하게는 안 하겠다고 다짐하고 법 공부를 시작했어요.

법, 형법, 민법, 계약법. 이 사건과 관련 있는 건 독학으로 다 공부했죠. 정보 취득 활동도 했어요. 주변 사람들이랑 무지 잘 지냈어요. 친해야 정보를 주니까. 같이 축구 하고 술 마시고. 겉으로 보면 그냥 헬렐레 사는 것처럼 보였을 거예요. |

코코아 그 기분이 어떤 건지 잘 모르겠어요. 〈피디수첩〉에 나왔던 것처럼 엘리트 코스를 밟고 착착착 올라가는 상황이었는데, 갑자기 와르르.

김영수 군대에선 사고 나면 실무자가 책임져요. 위에서 책임지지 않아요. 그게 두려운 거예요.

코코아 좌절감 같은 건요?

김영수 힘들었죠. 암담하더라구요. 평생 최선을 다해서 살아왔는데. 전 항상 제가 리더라고 생각했었거든요. 고등학교 때부터. 그게 완전히 무너진 거니까. 1년 반 정도는 무지 힘들었어요. 멘탈 붕괴가 되는 거예요. 정말 죽고 싶다는 생각도 많이 했고. 조금씩 조금씩 극복해나간 거죠.

무너진 자존감은 회복해야 하잖아요. 가만 안 둔다, 합

법적 방법으로 칠 건 다 친다. 총장이든 장관이든 관심 없고, 잘못했는데 총장이고 장관이고 기무면 어때요. 죽기밖에 더하겠어요? 그러니까 편해지더라구요. 죽이려면 죽여보던지, 한번 해보자, 하고 덤볐죠.

코코아   초월하셨네요.

김영수   그냥 초월해졌어요. 그간 고통스럽게 견뎌온 삶이 있으니까. 사관학교에서 죽을 만큼 힘들었거든요. 거기에 비하면 이건 아무것도 아니라고 생각했어요.

코코아   엄청 단단하시네요.

김영수   모르겠어요. 제가 사관학교 축구부를 해서 그런가. 축구부라는 자부심도 있고. 해사를 대표하는 선수잖아요. 저는 주장도 했었고. 내가 축구부 주장인데 후배들한테 쪽팔리면 안 되잖아요. 게다가 지도자 생활도 했었고, 교관도 했고. 가르치는 사람인데 쪽팔릴 수 없으니까요.

쪽팔릴 수 없다.

삶을 살아야 한다

코코아   그렇게 일단락됐는데, 전역하셨네요.

김영수   소령이 만 45세가 정년인데, 정년 2년 반 전에 미리 나왔
        어요. 원해서 나온 거예요. 사건으로 쫓겨나진 않겠다,
        하지만 구차하게 정년까지 채우지도 않겠다, 내 스스로
        나온다, 생각하고 있었어요.

코코아   군대에서 20년 넘게 있다 사회에 나오면 할 수 있는 일이
        없잖아요.

김영수   없죠. 특히 제 특기는 군수인데, 방산업체 같은 곳을 가
        야 하잖아요. 걔들이 저를 받아줄 리가 없죠. 처음부터
        포기하고 이런저런 일자리를 알아봤어요. 야간 물류창
        고나 박스 나르는 일도 하면서. 그때 국민권익위원회에
        서 갑자기 연락이 온 거예요. 훈장을 받으라고.

코코아   공익제보 했던 게.

김영수   네. 훈장은 엄청난 거거든요. 국가유공자가 되는 거니
        까. 김영란 위원장님이 "이런 사람 훈장 안 주면 누구 주
        냐?"고 강력하게 주장했다고 들었어요. 그분 아니었으
        면 못 받았죠.

그 훈장으로 나중에 국민권익위원회 조사관 공채에 붙은 거예요. 가산점 10퍼센트가 있으니까.

코코아 공익제보 하시는 분들 대부분 회사에서 쫓겨나는 걸로 이야기가 끝나는데, 소령님은 뒷이야기가 잘 이어졌네요.

김영수 다행히 그렇죠. 그래서 제가 공익제보에서 그치지 말고 연결을 시켜야 한다고 주장하는 거예요. 공익제보자도 먹고살 수 있어야 하니까. 사회에서 단절되지 않게요. 공익제보 하는 것만 중요한 게 아니라 제보 이후에 생활을 할 수 있느냐도 중요하거든요.

코코아 그렇죠. 먹고살아야 하니까.

김영수 정의는 멀고, 현실이나 먹고사는 문제는 가깝잖아요. 가장인데. 정의롭다고 해서 먹고살아지는 건 아니거든요. 빵이 있어야 민주주의가 되죠. 거창한 것보다 기본이 되야 해요.
공익제보하면 고생하고 사는 거 힘들어진다? 이런 이미지 깨는 방법은 딱 하나예요. 잘되면 돼요.

코코아 사회에게도 자신에게도 마이너스가 되지 않게?

김영수   저 같은 경우는 진짜 운이 좋아서 훈장 받아서 조사관을 할 수 있었거든요. 김영란 위원장님이 제 손을 잡아주신 거죠. 그런 선순환이 많이 이뤄져야 한다고 봐요. 제가 하고 싶은 것도 그런 사람들 손을 든든하게 잡아주는 거고요.

그는 참 어려운 인터뷰였다. 어떤 어려움을 겪었냐는 질문에는 어떤 전략으로 어려움을 돌파했는지 답했고, 얼마나 두려웠는지 묻는 질문에는 두려움에 어떤 각오로 맞서왔는지 답했다. 그는 자신의 감정에 대해 말하기 꺼려했고, 서툴러 보였다.

그는 필요 이상으로 솔직한 인터뷰이기도 했다. 정의감만으로 공익제보를 한 것은 아니었다며, '나'의 자존심과 자긍심을 건드린 것에 화가 났다고 거리낌 없이 말했다.(물론 그걸 건드린 게 나쁜 놈들이었기 때문에 더더욱 분노한 것이겠지만.) 영화 속 슈퍼맨처럼 자신을 얼마든지 포장할 수 있었음에도 그는 자신을 드러내는 것을 겁내지 않았다. 대단한 용기다.

어쩌면 세상은 슈퍼맨의 이상화된 정의감이 아니라, 밟으면 아프다고 꿈틀 하는 자존심, 무시하면 기분 나쁘다고 대드는 성깔, 쪽팔려서 저 짓은 못하겠다는 작은 용기에 의해 조금씩 나아지고 있는지도 모를 일이다.

덧붙여, 김영수 소령을 모티프로 한 영화 〈1급기밀〉이 개봉했다. 한국영화 최초로 방산비리를 소재로 한 탓에 2010년 제작에 돌입했지만, 엄혹한 이명박근혜 세월을 보내고 이제서야 빛을 보게 되었다고.

싸움을 이어가고 있다

2009년 10월, MBC 〈PD 수첩〉에 말끔한 제복을 입은 한 해군 소령이 출연한다. 계룡대 근무지원과장 김영수 소령이다. 그는 계룡대가 사무용 가구와 전자제품 구매할 때 위조 견적서를 이용해 정상가보다 40퍼센트 이상 높은 단가로 수의계약을 함으로써 특정 업체를 밀어주고 수억 원에 이르는 국고 손실을 발생시켰다는 사실을 고발한다.

'한 해군 장교의 양심선언'이라 불린 이 사건은 현역 영관급 장교가 군 내 비리를 고백한 최초의 사건이라는 점, 의혹 제기에서 그친 것이 아니라 비리 사실을 확인할 수 있는 명백한 증거가 함께 제시됐다는 점, 군 내부에서 문제를 해결하기 위해 헌병대, 국방부 검찰단 등에 여러 차례 문제제기를 했으나 '증거 불충분'을 이유로 묵살되어왔다는 점에서 큰 사회적 파장을 불러일으켰다. 김 소령의 공익제보는 특별수사단 수사로 이어졌고, 그해 12월 비위 및 수사방해 혐의로 현역 군인과 군무원 등 31명에 대한 처벌이 결정되었다.

이후 군에서 제대한 김영수 소령은 국민권익위원회에서 국방 분야 조사관으로 4년 6개월간 근무하고, 2016년 국방권익연구소를 설립하는 등 방산 비리와의 싸움을 이어가고 있다.